風に活用

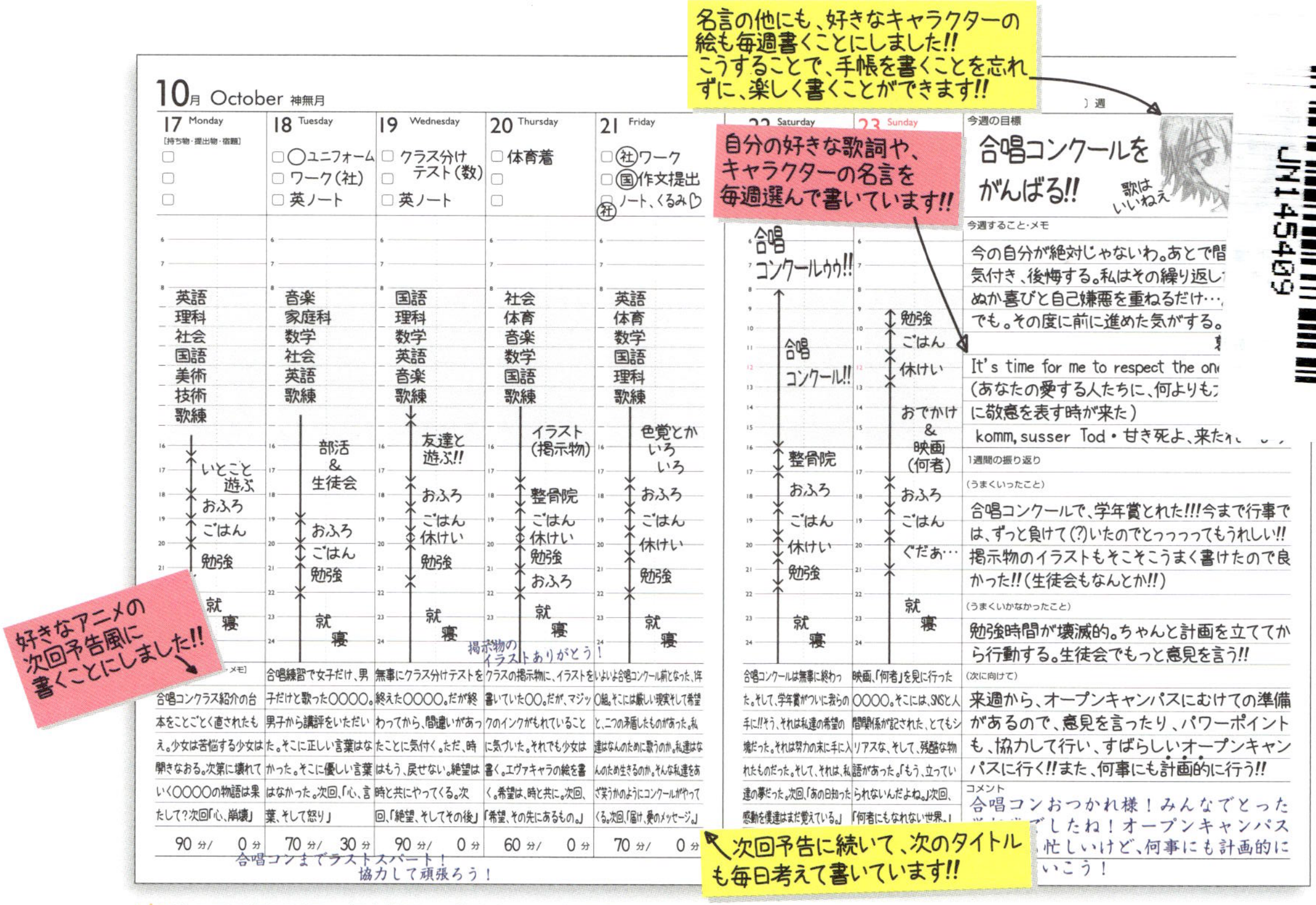

👑第５回手帳甲子園　個人部門　手帳活用　最優秀賞　中野区立第十中学校１年生

自己改革のきっかけは「責任感」部活動と日常生活で成長

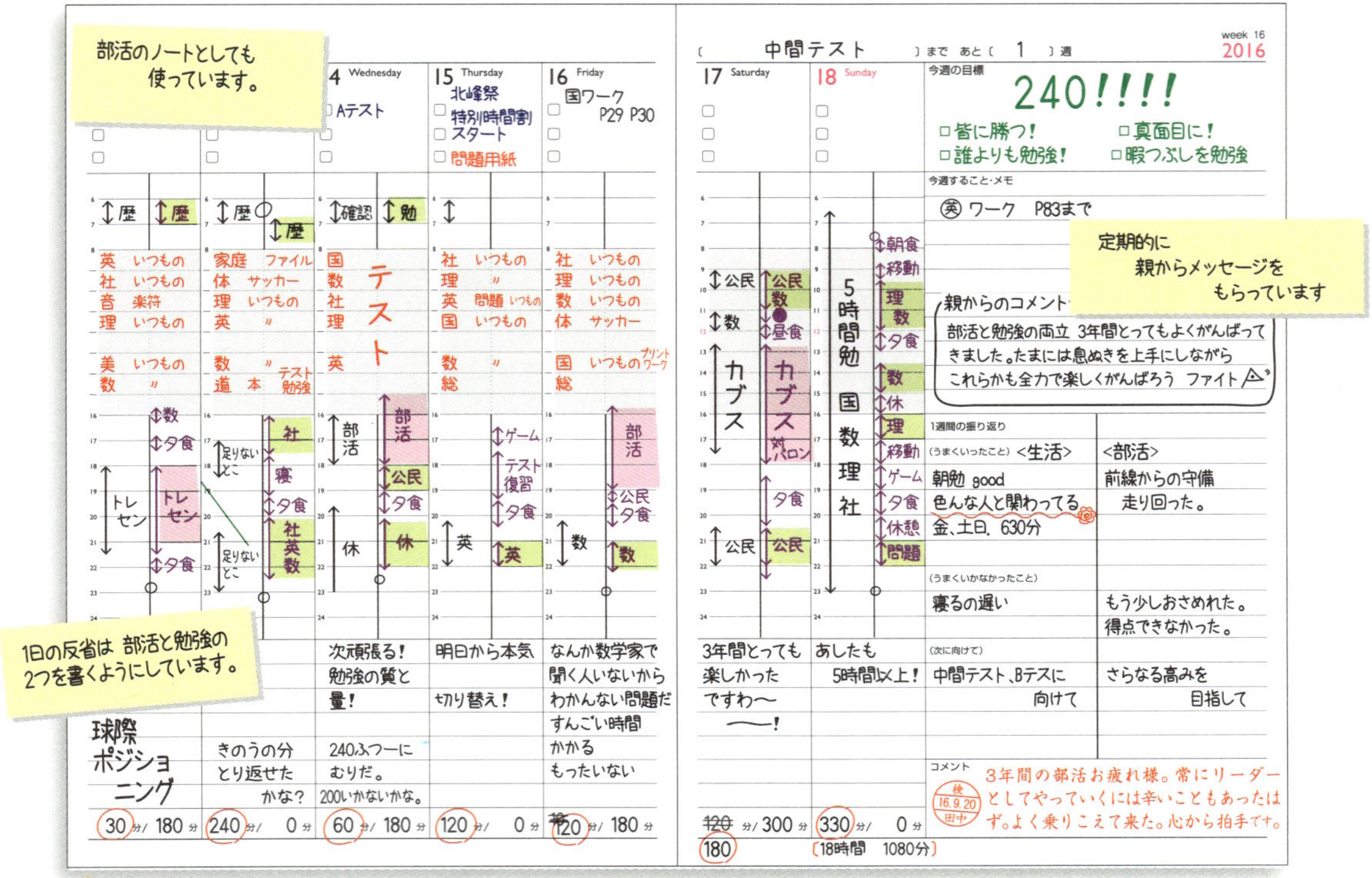

第5回 手帳甲子園 個人部門 手帳活用 優秀賞 函館市立北中学校3年生

尊敬する先輩を目指して モチベーションが高まる活気溢れる手帳

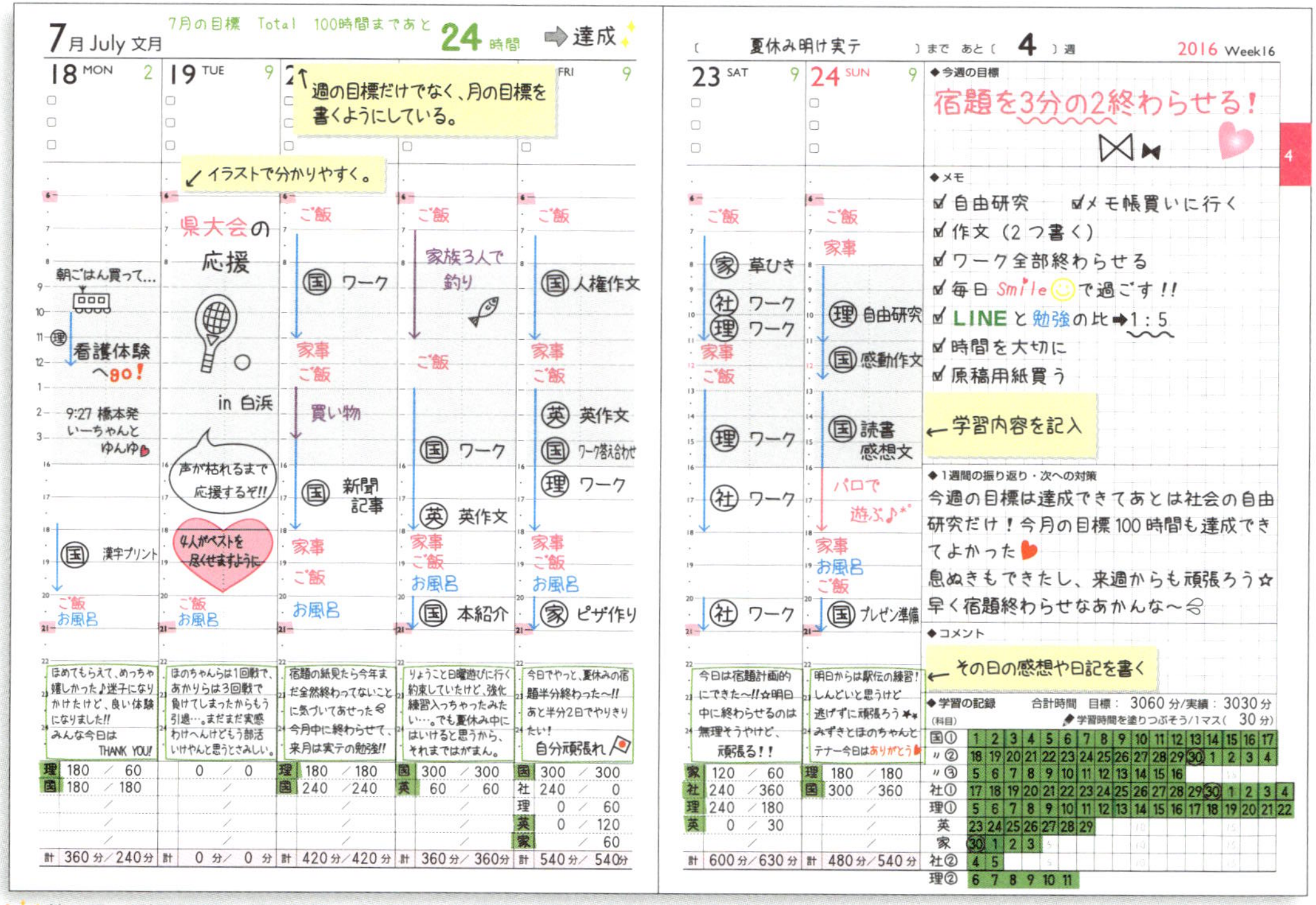

第5回 手帳甲子園 個人部門 手帳活用 優秀賞 和歌山県立古佐田丘中学校3年生

手帳で受験勉強スタート！
目標達成のための理論的な活用方法

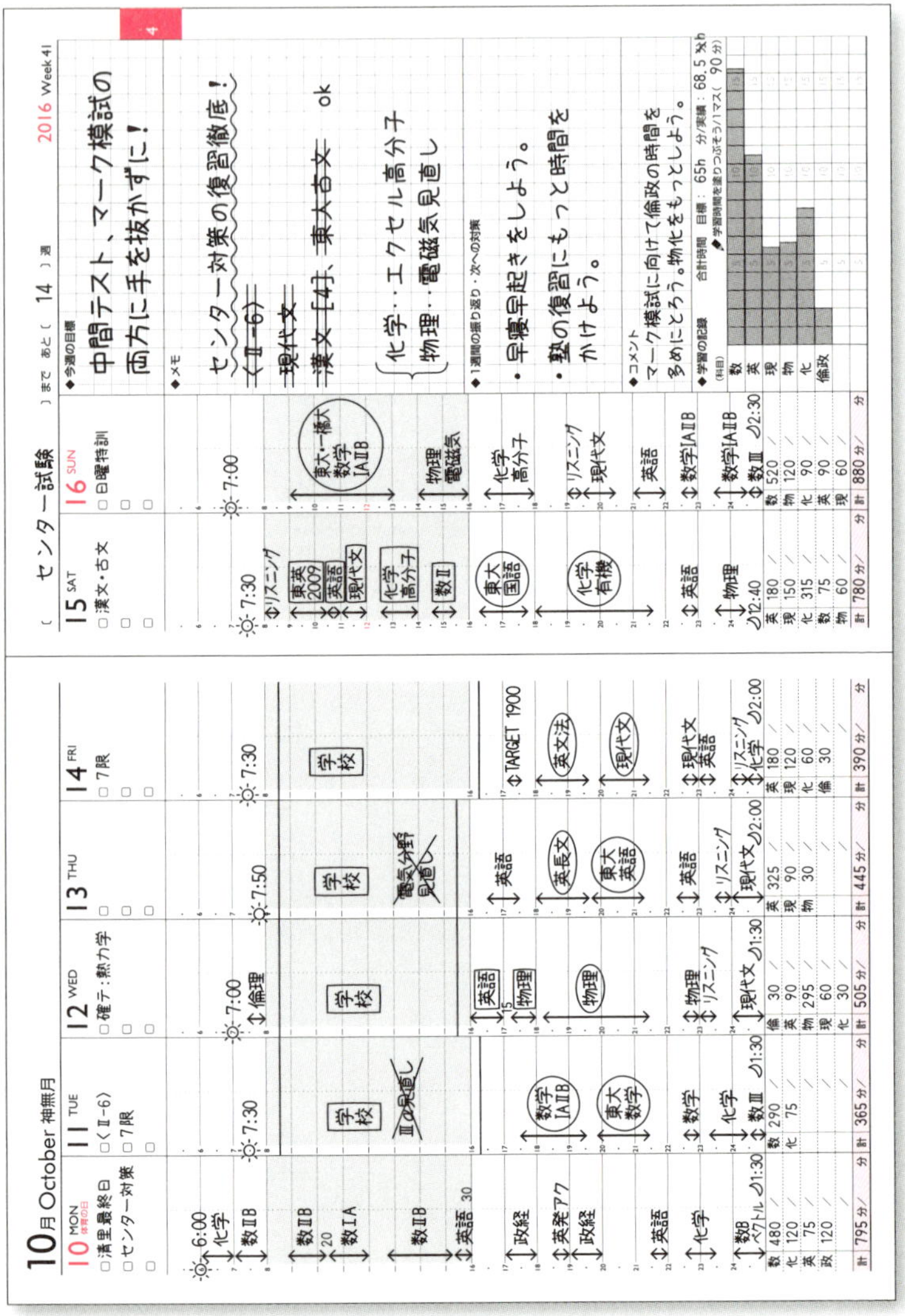

第5回 手帳甲子園 個人部門 手帳活用 優秀賞 創価高等学校3年生

まずはPLAN(計画)から PDCAサイクルを活用した深い自己分析

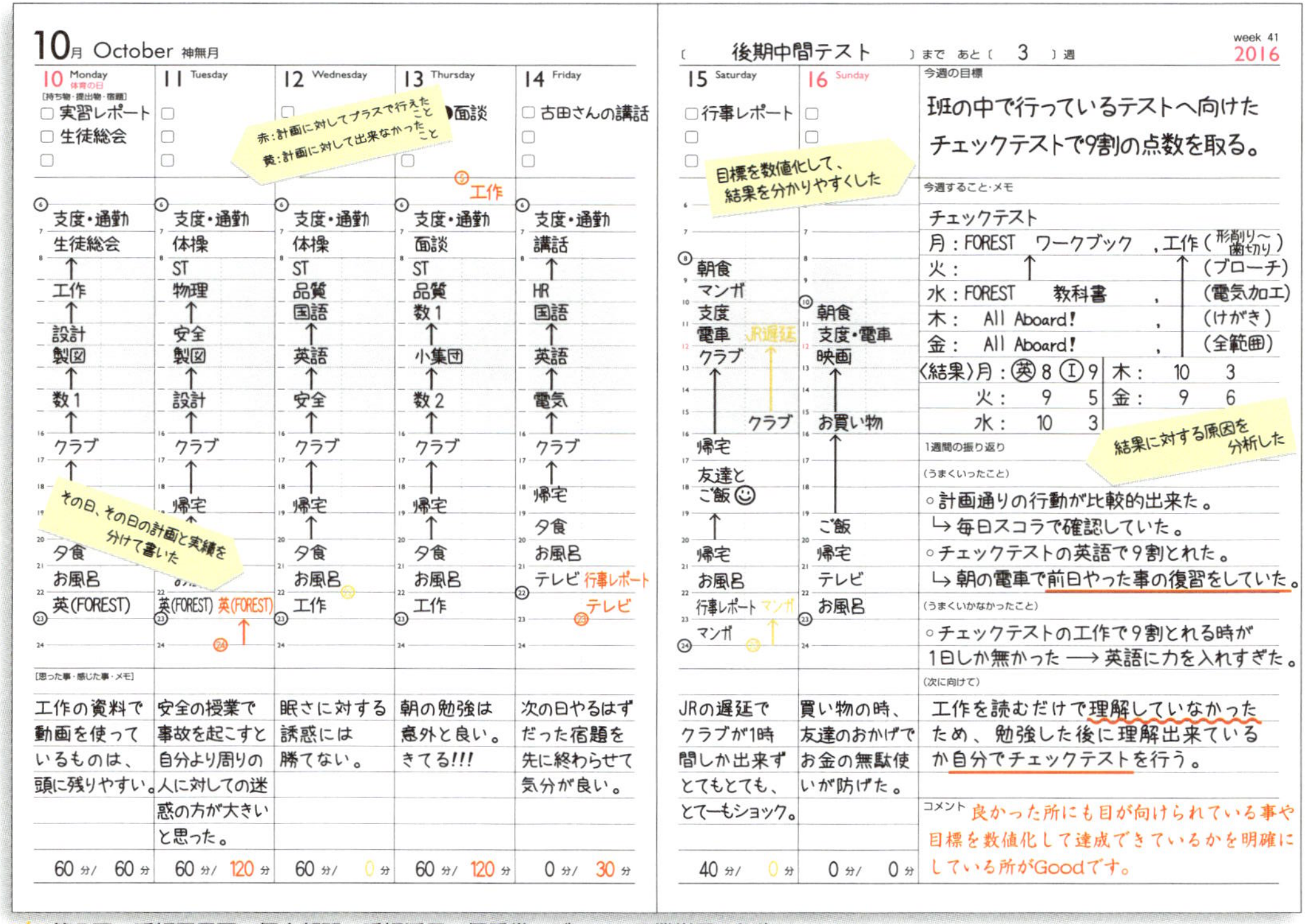

10月 October 神無月

[後期中間テスト]まで あと[3]週　week 41 2016

10 Monday 体育の日
[持ち物・提出物・宿題]
実習レポート
生徒総会
支度・通勤 / 生徒総会 / 工作 / 設計 / 製図 / 数1 / クラブ / 夕食 / お風呂 / 英(FOREST)

11 Tuesday
支度・通勤 / 体操 / ST / 物理 / 安全 / 製図 / 設計 / クラブ / 帰宅 / 英(FOREST) 英(FOREST)

12 Wednesday
支度・通勤 / 体操 / ST / 品質 / 国語 / 英語 / 安全 / クラブ / 帰宅 / 夕食 / お風呂 / 工作

13 Thursday
面談
工作
支度・通勤 / 面談 / ST / 品質 / 数1 / 小集団 / 数2 / クラブ / 帰宅 / 夕食 / お風呂 / 工作

14 Friday
古田さんの講話
支度・通勤 / 講話 / HR / 国語 / 英語 / 電気 / クラブ / 帰宅 / 夕食 / お風呂 / テレビ 行事レポート / テレビ

15 Saturday
行事レポート
朝食 / マンガ / 支度 / 電車 JR遅延 / クラブ / クラブ / 帰宅 / 友達とご飯 / 帰宅 / お風呂 / 行事レポート マンガ / マンガ

16 Sunday
朝食 / 支度・電車 / 映画 / お買い物 / ご飯 / 帰宅 / テレビ / お風呂

赤:計画に対してプラスで行えたこと
黄:計画に対して出来なかったこと

その日、その日の計画と実績を分けて書いた

目標を数値化して、結果を分かりやすくした

今週の目標
班の中で行っているテストへ向けたチェックテストで9割の点数を取る。

今週すること・メモ
チェックテスト
月:FOREST ワークブック ,工作(形削り～歯切り)
火: (ブローチ)
水:FOREST 教科書 ,(電気加工)
木: All Aboard! ,(けがき)
金: All Aboard! ,(全範囲)
〈結果〉月:英8 工9 木:10 3
火:9 5 金:9 6
水:10 3

結果に対する原因を分析した

1週間の振り返り
(うまくいったこと)
○計画通りの行動が比較的出来た。
↳毎日スコラで確認していた。
○チェックテストの英語で9割とれた。
↳朝の電車で前日やった事の復習をしていた。
(うまくいかなかったこと)
○チェックテストの工作で9割とれる時が1日しか無かった ⟶ 英語に力を入れすぎた。
(次に向けて)
工作を読むだけで理解していなかったため、勉強した後に理解出来ているか自分でチェックテストを行う。

[思った事・感じた事・メモ]
10日:工作の資料で動画を使っているものは、頭に残りやすい。
11日:安全の授業で事故を起こすと自分より周りの人に対しての迷惑の方が大きいと思った。
12日:眠さに対する誘惑には勝てない。
13日:朝の勉強は意外と良い。きてる!!!
14日:次の日やるはずだった宿題を先に終わらせて気分が良い。
15日:JRの遅延でクラブが1時間しか出来ずとてもとても、とてーもショック。
16日:買い物の時、友達のおかげでお金の無駄使いが防げた。

60分/60分　60分/120分　60分/0分　60分/120分　0分/30分　40分/0分　0分/0分

コメント 良かった所にも目が向けられている事や目標を数値化して達成できているかを明確にしている所がGoodです。

第5回 手帳甲子園 個人部門 手帳活用 優秀賞 デンソー工業学園2年生

繊細かつ力強いタッチ
豊かな色彩感覚が見事！

第5回　手帳甲子園　個人部門　表紙デザイン　最優秀賞　三重県立飯野高等学校２年生

NOLTYプランナーズ 監修
日本能率協会マネジメントセンター 編
葛城かえで シナリオ制作
姫野よしかず 作画

マンガでやさしくわかる 中学生・高校生のための手帳の使い方

How to use a planner for students

日本能率協会マネジメントセンター

マンガでやさしくわかる中学生・高校生のための手帳の使い方　目次

Part 1

手帳を使うのは何のため？

Part 2 計画を立てる

わかりましたっ！
必ず成績を上げてみせます!!

Part 3 振り返りと未来につなげる工夫

おめでとう！

Part 1

手帳を使うのは何のため？

Story 1
憧れの先輩の魔法の手帳
わぁ見て！早希先輩よ
今日もキレイだよね～
憧れる～！
楠明《なんめい》高校3年
前田《まえだ》早希《さき》
学校で一番の秀才
運動神経も抜群！
そして全校生徒の憧れときた！

三上 お前とは えらい違い だな
なっ……!

うっ うるさい なぁっ!!

大地!! あんた昔から ひと言多いのよね!

三上! 見て みろ!

あれが噂の 魔法の手帳 だぜ きっと!

魔法の手帳? 何それ?

知らないのか? オレも噂で 聞いたんだが 早希先輩の 手帳に書いた ことはすべて 叶うんだと!

…あっそ 馬鹿馬鹿 しい

お前信じてないだろ!!
信じられるわけないでしょ!!
何だとっ!
!
スッ
ほえ~目が合っちゃった~
本当にそんな手帳があればオレだったら早希先輩とつき合いたいって書いちゃうかも~
何よそれ
だったら私は早希先輩みたいな女性になりたい!って書くわ!
あはははははは!
無理無理!お前と早希先輩じゃ蝶と芋虫くらい差があるんだぞ!
わかってるわよ!いいじゃん憧れたって!
憧れるんだったら三上《おまえ》こーゆーのつけとくなよなっ!

汚ねえキャラクターだよなー！高校生にもなって恥ずかしいだろ！
ぺしぺしっ
やめてよ触んないで！大事な宝物なんだから！
……
宝物って…
ちぇっなんだよ…！
ぐっ…
大地ーいつになったら来るのよーっ
まさか約束しといてドタキャン？
…帰ろうかなぁ…

えっ？
フルート…？
キレイな

なんだ
この音?
おい見ろよ
あいつだ!
おい
お前!
郷田!!
男のくせに
笛なんて
吹いてんじゃ
ね〜よ
あっ
ちょっと
やめ…

やめて!!
ゲッ！三上!!
あんた達いいかげんにしないと許さないわよ!!
フルート返せ!!
わーっ男三上だーっ!!
逃げろーっ!!
こんなもんいらねーよ!!
あっ!!

だ…大丈夫…？
ガサ…
セーフ!!
ありがとう大切なフルートだから…
よかった！

地面に落ちてたら大変だった
ドキ。。
そうだ！
よかったらこれ…
お礼に
え…
ありがとう！
あの日

私も
フルートをやると
決心した
けど…うちの
小学校も中学校も
吹奏楽部はなく
ウチには無いよ
え〜〜っ
ついに高校で
吹奏楽部
デビューー!
よっしゃー!!
吹奏楽部
入部大歓迎!!
フルートを
続けていれば
いつかまた
あの子と
会えるかも
しれないと
思って……
でも
フルートって…
ピ

三上さん
もうちょっと練習しようか
…はい
くす
くす
くす
どうしてこんなに難しいの!?
ピ～～
三上
ここの指使い難しい
全然できない…
ぷる
ぷる
うう…ゆ…指が…つる…
はぁ…練習してもなんだかうまくならない
はあ…
中途半端に練習しててうまくなるわけないじゃない

それに…
部活もいいけど勉強や宿題は大丈夫なの？
いっ…今からやるよっ！
チュン チュン
三上
寝坊しちゃったーっ!!
お母さんいってきまーす!!
お弁当持った？
持った！
フルートは？
フルート！いっけなーい!!
いってきまーす!!
ドタバタ
大丈夫かしらあの子…
昨日も勉強もせずに寝ちゃったみたいだけど…
キーンコーン
1-3

結局…
遅刻してしまった…
お前って本当にだらしないな
ピッ
こんな点数とってたら部活できなくなるぞ?
ちょっ ちょっと やめてよっ!!
うちの学校赤点をとる生徒は
部活動参加禁止って知ってんだろ
35
わ…
わかってるよっ!
パシッ

どの教科も赤点ギリギリだった…
このままだと……部活できなくなっちゃうかも
学校の勉強も難しくなっていくし
コンクールも控えているのに……
35
キャッ
ドンッ
すっすみませんっ!!
大丈夫!?
32
35

さっ…
早希先輩っ…!!
ハッ
……
これはっ ちっ…違うんですっ!!
ぶっ…部活で忙しくてっ……
あた
ふた

しっ失礼しましたーっ!
ぴゅーーっ
……
どうしたんだ?顔が真っ赤だぞ!
部活行かないのかよ?
1-3
早希先輩と初めて話しちゃった♡
えっなんでっいいなっ!!
どうだった!?いい匂いだった!?
教えなーい♡
なんだよそれっ!!
音楽室
ガチャガチャ
あ…
今日は部活は休みだった…
音楽室
何やってんだか…私…
ちゃんとメモしてたのに…
少し練習していこうかな…

ピ〜
ピ〜
ピ〜
さっきから聞いていたけど ひどい音ね
もうやめてくれない?
え…あ…!
早希先輩!!
リズムもまともに刻めないようじゃ
フルートが泣いているわ

そんなことじゃ
他のパートに
迷惑をかけるわよ
もっと基礎を
大切にして楽器
コントロールを
磨かないと
楽譜もしっかりと
読み込んで……
……まさか
エチュードを
やってないとか
ないわよね？
え…早希先輩…
フルートのこと
詳しいん
ですね！
やったこと
あるん
ですか!?
……
……
あの…
別に
あなたに
教える
筋合いは
ないから
そ…
そうですね
……
す
すみません
ガチャ
どうして
フルートを？
え…あいや…
あのじつは
ですね…
子どもの頃…
フルートを
吹く男の子に
会って……
男の子
……
えっ？
いや…
続けて……

なるほど それでフルートを 始めたのね
は はい…
手伝って あげても いいわよ
へっ!? 何を……!? まさか フルートを 教えてくれるん ですか!?
そんな ヒマは ないわ 私も 大学受験が あるのよ
で… ですよね… それじゃあ 何を?
効率よく 練習する 方法よ
ぁ… そういう ことですか ……
嫌なの?
いや そんな 滅相《めっそう》もない!! けどどうして 見ず知らずの私に そんなことして くれるんですか!?
…… 理由なんて どうでも いいでしょ
でも ……
じゃあ やめるわ
ま ま待って ください! お願い します!! 私は何を すればいいんでしょうか!?

必要なのは手帳に書くことよ
え…手帳に…
手帳に書けば人生が変わるわ
魔法の手帳…
ぼそ…
何？
いえっなんでも…
でも私手帳なら書いてますよ！
パッ
……
これはただ情報を記録しているだけで手帳とはいわないわ

手帳とはこのように書くの
スッ
早希先輩の手帳…!!
こ…これが同じ手帳!?
私の使っているものと全然違う…
手帳に書けば自分の行動が見える
え…
手帳を上手に使えば自分の行動が変わるわ
たとえば「宿題を終わらせる」「提出物を忘れずに出せる」
さらに「目標にブレなく進める」「自分の行動を振り返って改善できる」ようになるわ

そうなんですか…
さらに毎日使うことで「自ら考え自ら行動できる」ようになるの
自ら考え自ら行動できる…
きっとフルートの練習に割く時間が見つかるはずよ
ズボラな私にできるんでしょうか…
誰だってできるわ
じゃ…じゃあまず何からすれば…？
そうねまずは手帳に書く習慣をつけることね
先生が言う提出物の締切や今日の予定連絡事項などをメモするのよ
それだけで忘れ物や宿題を忘れることがなくなるでしょう？
ぐっ
それくらいならできそうです！
やりがちな失敗が英語のことは英語のノートに書き数学は数学のノートって別々にしてしまって
「あっ宿題あるんだった」って忘れてしまうケースね
それ私です…
9月12日までに提出！
9月19日までに宿題提出!!

でしょうね
ガーン
手帳を使い始めてから最初の1カ月はまずこの3つのことができるようになれば十分よ
手帳をいつも持ち歩くこと
何かあれば手帳に書くこと
何かなかったかなと手帳を見ること
ありがとうございます
やってみます！
あと手帳はこれから先の予定を書くという先入観があるかもしれないけど
毎日寝る時間と起きる時間を手帳に書いてみて
起床時間と就寝時間ですか…わかりました
それじゃあ私はこれで
よしっ!!

1カ月後——
音楽室
三上さん
わっ 早希先輩!
どうして早希先輩がっ!?
三上と知り合いなの?
美人～っ!!
ザワ
ザワ
とっ とりあえず他の場所で話しましょう!
どう? ちゃんと手帳使ってる?
えっと… それが…
どうかした?
持ち歩いて定期的に見るようにはしているんですが
書くのはなかなか… ちゃんと書けなくてサボりがちになっています…

やっぱりね
え…バレてました?
書く習慣のポイント忘れてたからね
書く習慣のポイント?
この3つだけよ
1. 1日に3回以上開いて書く
学校行事、持ち物、宿題、練習予定
書かなくてもわかっているものでもとにかく書く
2. 3点基本行動時間の記録
起床時間、勉強を始めた時間、就寝時間の記録を書く
3. 開いて書くタイミングを決める
通学中、ホームルーム、授業の最後、自分の部屋などでもとにかく開いて書く
もっと真面目にたくさん書かなくてもいいんですか?
いいのよ それに予定を手帳に書くようになっても初めのうちはなかなか思い通りに行動することはできない
そうなんですよ
失敗する経験こそが大切で試行錯誤を繰り返す中で
自分なりの手帳の使い方を身につけていけばいいわ
は…はい
この前就寝時間と起床時間を書いてもらったでしょ
ええ! それはちゃんと記入していますっ!
だいたい学生の平均睡眠時間は7~8時間は確保することが望ましいんだけど
あなたの場合は…
英語90
睡眠 PM11:30～AM7:00
睡眠 PM10:00～AM8:00
睡眠 AM1:00～6:00

不規則ね……
手帳を見れば自分の現状を正確に理解することができるようになるわ
ひどい生活・・・
現状がわかればよりよい生活を計画していくことができるようになるでしょ？
こんなにも日によって違うなんて
自分でもビックリです
たとえば睡眠時間を規則正しくして時間を管理できれば
フルートの練習を確保することも可能でしょ
そうですね！
こうした気づきが重なると時間の使い方もうまくなって意識した行動ができるようになるのよ
なるほど！
「時間を意識する習慣」が身につくと先々の予定を立てたり
今週の目標を立てられるようになるわ
やれることも多いけど意外に使える時間が少ないってことにも気づくかもしれないわね
げっ
それと「時間を意識する習慣」だけじゃなくて
「考える習慣」も身につくわ
えっと……
「考える」ことならいつもやってますけど…

ここでいう「考える」は自分の行動を振り返って反省したりよかったところを伸ばす…
そんな感じよ
どうしてうまくいったのかそうして失敗したのか
部活と勉強の両立とか…？
そうそう「やりたいこと」をバランスよくできるようになるわ
これまでみたいに勉強も部活もいつもギリギリって状態が減るかな…
まずはフルートを最優先で考えてみたら？
はいっ！
やってみます！
えっと宿題の提出が明後日だから…
明日の19時から宿題
1時間でいいかな
それじゃあこの時間は練習っと…
思ったより自由になる時間って少ないのね
次のスケジュールがあるから集中してやらないと！
ああ忙しいっ

三上さん
は…はいっ
いい音が出るようになったね!
前まではいつも同じようなところで失敗していたけど克服できたし
最近音が安定してていい感じ!
本当ですか!?ありがとうございます!
初めてほめてもらえた!…PDCAサイクルのおかげだ!
そうそうもう1つ
PDCAサイクルも知っていたほうがいいわね
何ですかそれ?
Pは「PLAN」で目標・計画Dは「DO」で実行
Cは「CHECK」で振り返りAは「ACTION」で次の計画への工夫・改善よ
初めて聞きました…

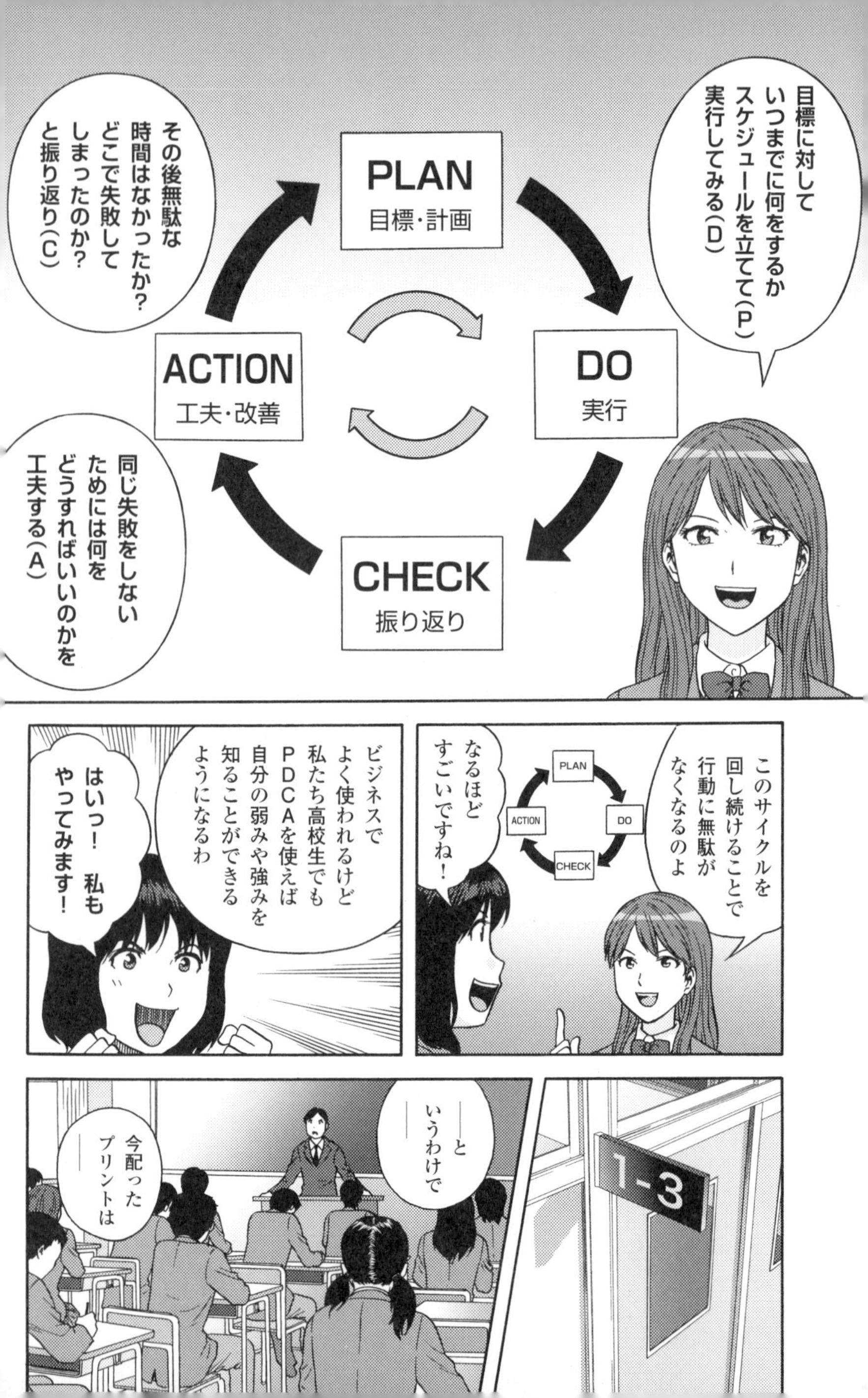
目標に対して いつまでに何をするか スケジュールを立てて(P) 実行してみる(D)
PLAN 目標・計画
DO 実行
CHECK 振り返り
ACTION 工夫・改善
その後無駄な 時間はなかったか？ どこで失敗して しまったのか？ と振り返り(C)
同じ失敗をしない ためには何を どうすればいいのかを 工夫する(A)
このサイクルを 回し続けることで 行動に無駄が なくなるのよ
PLAN
DO
CHECK
ACTION
なるほど すごいですね！
ビジネスで よく使われるけど 私たち高校生でも PDCAを使えば 自分の弱みや強みを 知ることができる ようになるわ
はいっ！ 私も やってみます！
1-3
——と いうわけで
今配った プリントは ——

水曜日の午後までに—
必ず提出するよう—
お前さなんか最近変わったよな
えっ…？
なんだか大人っぽくなった
え…っ
え…!?
いやそういう意味じゃなくてっ！その…あの…
ちゃんと考えてるっていうか…
前みたいに行きあたりばったりって感じじゃなくなったと思って…
あ…ありがとう
いや…別に…
それはきっと…
魔法の手帳のおかげかな
こらっそこ！おしゃべりするんじゃない！
はいっ！
ガタッ

01 手帳を使うと どんないいことが あるの？

約27万人の生徒が使う手帳の秘密！

「早くしなさい！」
「勉強したの？」
「また寝てる！　大丈夫なの？」
生徒のみなさんなら、誰でも一度は、（ひょっとしたら毎日！）親から言われている言葉かもしれません。主人公の三上さんのように、勉強に、部活動に、毎日忙しくてクタクタ。自分だって、もっと〝ちゃんと〟できればいいけれど、そううまい具合にコトが進まない……。

それが、みなさんの本音でしょう。

そんな毎日がたった1冊の手帳で無理せずに変わるとしたらどうでしょう？

「手帳だけで生活が変わるなら苦労しない」「めんどうくさいからどうせ続かない」そう

思う人もいるかもしれませんね。

でも、安心してください！


じつは、すでに多くの生徒のみなさんが手帳を使って、忙しくても「やること」「やりたいこと」を１つずつ実現しています。それも無理のない方法で。

もともとビジネス用につくられた手帳を改良して開発された「ＮＯＬＴＹ《ノルティ》スコラプログラム」は、２０２４年度、全国の中学、高校９００校で、約27万人に活用されています。２０１２年度は約２５０校でしたから約３・５倍になっています。

もちろん、「ＮＯＬＴＹ《ノルティ》スコラプログラム」シリーズ以外の手帳を使っている生徒もいますから、実際にはもっと多くの生徒が手帳を活用していることでしょう。


一昔前にくらべて、時代の移り変わりのスピードが驚くほど速くなったといわれています。ですが、その急激な変化もたった10年、20年で起きたことばかりです。だとしたら、今後10年、20年先はどうでしょう？

ほんの先の世の中がどうなっているか、誰も正確に予測することができません。一説によると、10年、20年後には、今ある多くの仕事が人工知能にとって代わられるかもしれないともいわれています。

そんな先が読めない時代において、みなさんが生きていくのに必要なのは、「自ら学び」「自ら考え」「自ら行動する」力。そして、その力を養うためのパートナーとなるのが手帳です。

じつは手帳は、書くだけで自然に「自ら学び」「自ら考え」「自ら行動」ができてしまう、すぐれものなのです。だったら、活用しない手はありませんね。

では、いったいどうやって？

それを考える前に、手帳で身につく習慣について考えてみましょう。

⇩手帳で身につく3つのよい習慣とその効果

では、実際に手帳を書くことによって、どのような「いいこと」があるのでしょうか？

手帳を使っているみなさんに実施したアンケートからは、「時間を守る行動」や「自学自習」だけでなく、次の、3つのよい習慣が身につくことがわかっています。

①手帳に書く習慣

「忘れ物が減る」「提出物を期限通りに出せる」「宿題のやり忘れが減る」

「要約して書ける、伝えられる」

②時間を意識する習慣

「規則正しい生活になる」「日々の学習計画が立てられる」「時間の使い方がうまくなる」

「自学自習する時間が増える」「やることの優先順位をつけられる」

「目標を意識して行動できる」

③考える習慣

「これから先の予定を意識できる」「自分の行動を振り返って次に活かすことができる」

では、次の項から、1つずつ詳しく見ていきましょう！

02 「書く習慣」でできるようになること

忘れ物、提出物遅れが減る

それでは、具体的に手帳を使うことで身につく3つのよい習慣について順番に、より詳しく見ていきましょう。

中学生・高校生のみなさんが手帳を使うことで身につくよい習慣の1つめは、「手帳に書く習慣」です。

「手帳を渡されたら書くのはあたりまえじゃないの？」

そんな声が聞こえてきそうですね。

ですが、残念なことに、ただ単に1冊の手帳を手にしただけでは、何も起こりません。

だってそうですよね？

学校で配られても、開きもせず、何も記入することもなければ、ただのノートです。それをみなさんが毎日使って、初めて手帳は「自ら学び」「自ら考え」「自ら行動する」ための便利なツールになるのです。

ですから、手帳を使う最初の一歩は、じつは「手帳に書く」ことなのです。

ある学校では、ホームルームの時間に手帳を机の上に出して、先生が話すことを手帳にメモするようにしています。提出物の締切日や今日の予定、連絡事項や依頼事項などをどんどん手帳に書き込んでいきます。すると、忘れ物や提出物遅れがぐっと減ったそうです。

その場では覚えたつもりでも、残念ながら人間は万能ではありません。1つ、2つと、頭の中からこぼれ落ちてしまうものなのです。ですから無理に覚える必要なんてありません。手帳に「覚えさせて」おけばよいのです。

⇩宿題のやり忘れが減る

減るのは、忘れ物や提出物遅れだけでは

手帳の効果に関する調査結果

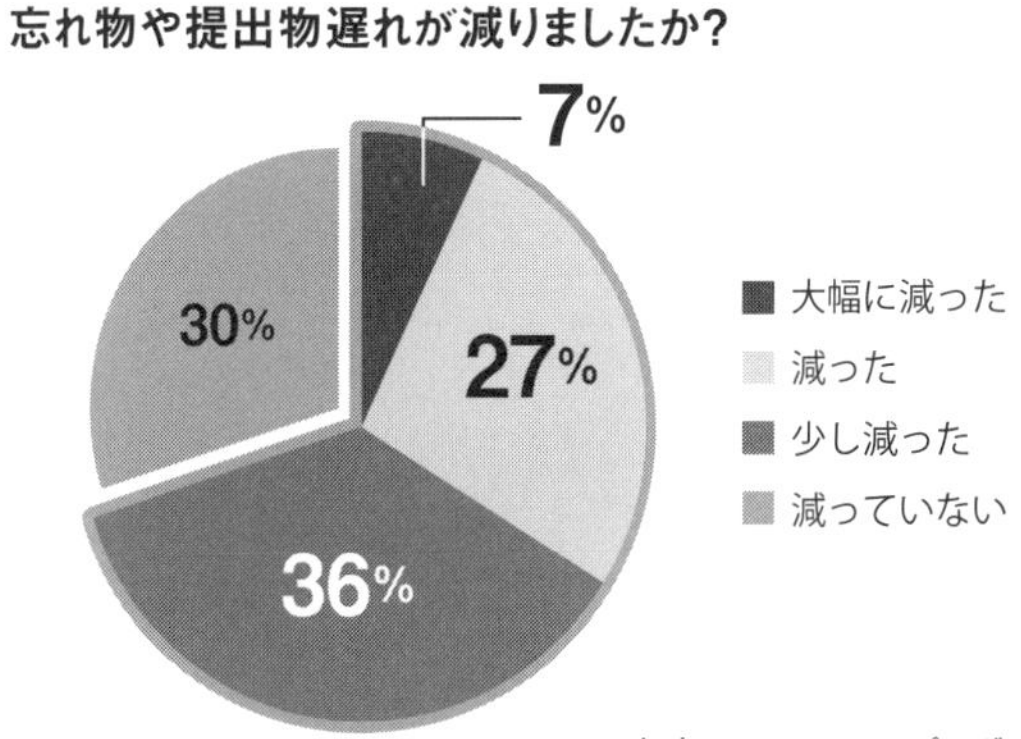
忘れ物や提出物遅れが減りましたか?
7%
27%
36%
30%
大幅に減った
減った
少し減った
減っていない

2016年度NOLTYスコラプログラム
成長実感調査集計結果より（全国665校、194,859名）2016年11月時点

人の記憶の仕組み

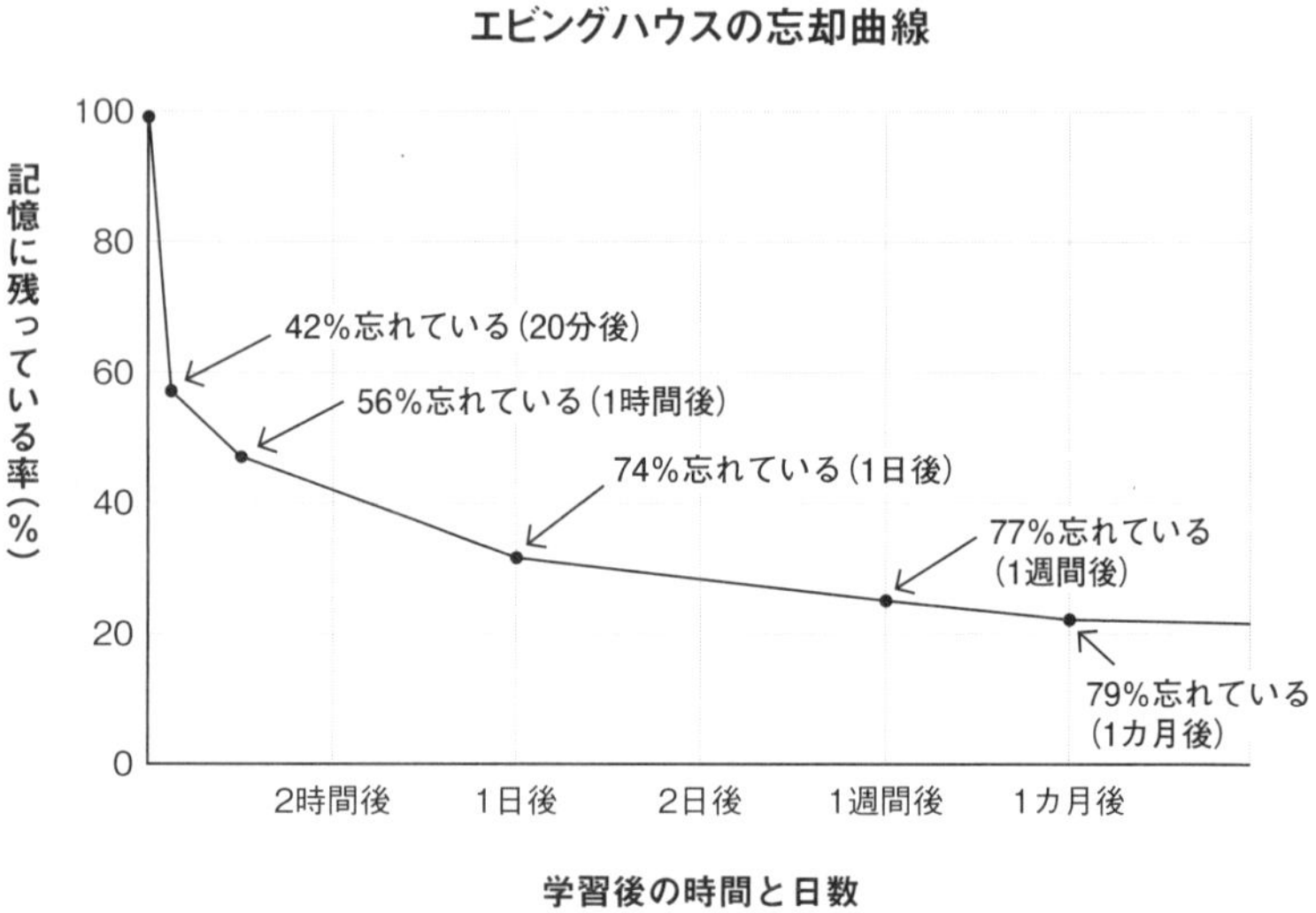
エビングハウスの忘却曲線
記憶に残っている率(%)
100
80
60
40
20
0
42%忘れている(20分後)
56%忘れている(1時間後)
74%忘れている(1日後)
77%忘れている(1週間後)
79%忘れている(1カ月後)
2時間後
1日後
2日後
1週間後
1カ月後
学習後の時間と日数

心理学者のエビングハウスが、一度学習した内容がその後どのくらい頭に残っているかを記録してまとめたのが、「エビングハウスの忘却曲線」よ。
聞いても、すぐに頭から抜けてしまうことがわかるわね?

グラフを見てみると、覚えたつもりでも、次の授業の時間には半分くらい忘れちゃっているってことですね!

その通り!　だから、自分の記憶をあてにしないで、手帳に書いておくことが大切なの。

ありません。宿題のやり忘れも減ります。

手帳を使う前は、各教科で出される宿題はその教科のノート――数学なら数学のノート、英語なら英語のノート――に宿題の範囲や提出物をメモしていました。

宿題があることを覚えている生徒は、家に帰ってからノートを見て宿題をすることができます。予習・復習をする生徒も、そのときにノートを見て「あっ！　宿題があったんだ」と気づいて取りかかることができます。

しかし、ついうっかり宿題が出たことを忘れてしまう生徒もいるでしょう。家でそのノートを開く機会がなければ、宿題があることに気づきませんから、宿題をやり忘れてしまいます。

「ノートのメモを見たのが宿題を提出する授業のときだった！」

これでは、何のためのメモだったのか、わかりません。

一方、各教科のノートではなく、手帳に宿題の範囲や提出日をメモするようになると、こうした「うっかり」をなくすことができます。

学校で、家で、手帳を見るさまざまなタイミングでメモが目に飛び込んできますから、忘れません。

このように書くと、手帳に書いたり見たりするのはとても簡単なことのようですが、みなさんがこれまで手帳を使ってこなかったとすると、じつはこれだけでも結構大変なことなのです。

手帳を使い始めてから最初の1カ月間で、「手帳をいつも持ち歩くこと」「何かあれば手帳に書くこと」「何かなかったかなと手帳を見ること」、まずはこの3つのことができるようになれば十分です。

手帳を家に置き忘れて学校で使えないこともあれば、逆に学校に置き忘れて家で見ることができないなんて失敗もしながら、徐々に自分の手帳に愛着がわいてくるはずです。

ちなみに、人は21日間（約3週間）程度同じ行動を続けると、その行動への抵抗感がなくなって習慣化する確率が高まるといわれています。脳科学の研究でも、同じ行動を繰り返し2～4週間程度続けることで、その行動をとるための神経細胞間をつなぐ接合部（シナプス）がつながって習慣化しやすくなることが実証されています。

ですから、まずは3週間程度を目安に続けることから始めてみてください。

⇩要約して書ける、伝えられる

ホームルームの場面を思い出してください。連絡事項や学校行事の予定などを連絡するのは先生だけではないはずです。何かの委員会や係だったりして、みなさんがクラスのメンバーに連絡事項を伝えることもありますね。

じつは、こんな場面でも手帳を使う効果が表れるそうです。

普段、先生の長い話を聞き取って必要な部分だけを切り出してメモすることで、要点をつかむ力が磨かれるからです。

先生が話すことのすべてを手帳の小さなスペースにそのまま書き写すことはできません。ですから「手帳にメモしておかなければならない大事なことは何か？」「先生が伝えたいことは何か」を毎日考えながら手帳にメモすることになります。これを毎日繰り返すことで、自分が伝え手の立場に立ったときも、聴き手が理解しやすい要点の伝え方がわかるようになります。

こうした、要点をメモするコツは、授業でノートをとるときや講演を聞くときにも役立ちます。

⇩書く習慣を身につける3つのポイント

手帳を書くことのメリットはわかったものの、実際、なかなか続かない三上さんに早希先輩が教えたのが、書く習慣を身につけるための3つのポイントでした。

回数、内容、タイミングをあらかじめ決めることによって、まずは「書く」という行動を定着させます。

1．1日に3回以上開いて書く

回数を決めて、習慣化する方法です。最初の手帳の出番は朝のホームルームです。先生から連絡事項があればそこで書き込みます。このときに、その日の時間割や部活動、委員会など、その日の予定を確認するようにします。ちょっと見ておくだけでも頭の中に今日の予定がインプットされますから、事前に早め早めの行動ができるようになります。

授業中に開くのも大切です。たとえば宿題が出たときや、次回の授業に用意するもの、提出物についてもすべて1冊の手帳に集約します。もちろん、授業以外の部活動や委員会、友だちとの約束、習い事などもここにまとめます。

帰宅後は今日1日を振り返るよいタイミングです。宿題や提出物の再確認をここでします。1日3回以上、手帳を開いて書くことを目安にしてください。

2．3点基本行動時間の記録

書く内容を決めて、習慣化する方法です。まずは無理せず、「起床時間」「勉強を始めた時間」「就寝時間」を書き込んでみましょう。そして、この3つの基本行動時間を手帳に書き込み固定することで、生活リズムが生まれます。

3. 開いて書くタイミングを決める

書くタイミングを決めてしまうのも、無理なく習慣化するよい方法です。たとえば、通学中の電車やバスの中、ホームルーム、授業の最後、自分の部屋でくつろぐ前に……。「毎日必ずしていること」に組み合わせるのがポイントです。

03 「時間を意識する習慣」でできるようになること

規則正しい生活ができる

54ページの「書く習慣を身につける3つのポイント」の1つとして3点基本行動時間の記録をおすすめしましたが、これは書く習慣を身につけるためだけでなく、規則正しい生活を送る上でも非常に大切です。なかでも起床時間と就寝時間を整えることは、その「基本のキ」といえます。

ただ、みなさんの生活を振り返ってどうでしょうか？ためしに手帳に日々の起床時間と就寝時間を記入してみたらすぐにわかることですが、毎日決まった時間に布団に入るのは、実際はなかなか難しいものですね。

友だちとのSNSでのやりとり、スマホのゲーム、マンガ……。時間を忘れて夢中になっていると、気づいたら0時を過ぎていたなんてこともあるはずです。

寝る時間が遅くなれば、当然起きるのも遅くなります。無理に起きても午前中いっぱいボーっとしてしまうこともあるでしょう。

成長期である中学生・高校生にとって、脳を休め、体の成長と修復を促す睡眠はとくに重要です。個人差はありますが、7～8時間は確保したいものです。

手帳に起床と就寝の時刻を書き込んだり○印をつけたりすると時間を意識しやすくなり、自然と生活のリズムを整えられるようになります。1～2週間分を書いてみて、自分の睡眠時間や生活のリズムを見直してみましょう。「睡眠不足だから、日中の時間の使い方を考えよう」だったり、逆に「寝すぎかも！　少し勉強に時間を回そう」などと発想がわいてきます。それがじつは「自ら考え、自ら行動する」ための第一歩になるのです。

手帳はこれから先の予定を書くものという先入観があるかもしれませんが、このように、起きた時間や寝る時間など、「実際にやったこと」を記入するのも有効です。時間割や予定の決まっている部活動と違って、自分の家での生活では、何をするのにどれくらいの時間を使っているかはあいまいになっていて気づかないことが多いものです。ためしに自分の行動を1週間分手帳に書いてみると、自分の行動パターンがわかり、非効率な時間の使い方や無駄な行動が見えてきます。

日々の学習計画が立てられる

自分が実行したことを手帳に書くと、「今の自分」の姿が客観的に正確に見えてきます。

すると、それを元によりよい生活を計画していくこともできます。

たとえば、英語の宿題の提出日が3日後に迫っているとしましょう。

その宿題を片づける計画を立てるとしたら、真っ先に考えるのは、「どのくらいの時間が必要か」です。1時間なのか、2時間なのかを考えます。そのとき参考になるのが、過去の同じような宿題にかけた時間です。もしもそれが手帳に書かれていたら、すぐにわかりますし、もしも予定時間だけが書かれていたとしても、それをもとに実際かかった時間を記憶から手繰り寄せることができます。これを「時間見積もり」といいます。そして、この時間見積もりを意識して行うことにより、

「1時間を予定していたが、倍の時間がかかってしまった」

「前の半分の量だし難易度も低めだから、1時間もあれば終わる」などと、少しずつ必要な時間がつかめてきます。

必要な時間がわかったら、次は手帳を見ながら、何日の何時にそれをやるかを考えます。

ですが、ここで、みなさんもきっと重要なことに気づくことになるはずです。

それは、「自分の自由になる時間は意外に少ない」ということです。

手帳を使っていないときは、1日24時間丸まる使えるとは思わないまでも、「1時間く

らいなら、いつでもできる」と思いがちです。ですが、実際に手帳にいろいろな予定を書くようになると、それが間違いだったと気づくはずです。自分の自由になる時間は意外に少ないものなのです。

その限られた時間の中から、英語の宿題に取り組む1時間を決めたら、それを手帳に記入します。

もちろん、手帳に書いたからといって、その通りに行動できるとは限りません。学校を出ようとしたところで友だちと会って、おしゃべりが始まって帰宅が遅くなることもあるでしょう。たまたまつけたテレビに引き込まれ、あっという間に予定の時間を過ぎてしまうこともあるでしょう。机に座るところまでたどり着いたとしても、片づけようとしたマンガをめくってしまって1時間が過ぎていた。そんなこともあるでしょう。

ですが、最初はそれでいいのです。

まずは手帳を使うことで、意外に自分の自由になる時間が少ないことに気づき、予定を立ててもなかなかその通りにはいかないことを経験し、時間をあらかじめ見積もることがいかに難しいかを理解できれば、いやでも時間を意識できるようになります。

アンケート結果からもその様子がよくわかります。

手帳の使用と計画力に関する調査結果

手帳(スコラ手帳)を使う前と比べて、1週間の計画を立てられるようになりましたか?

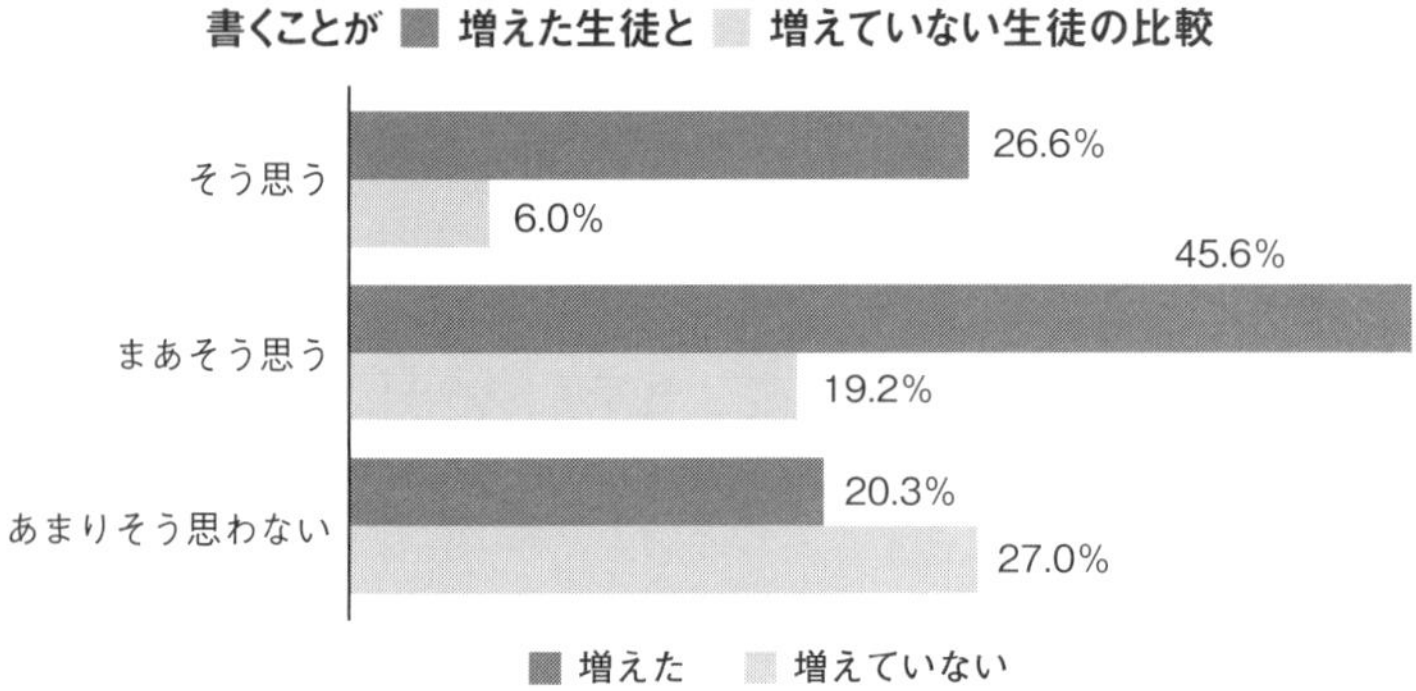

手帳(スコラ手帳)を使う前と比べて、計画したことを実行できていますか?

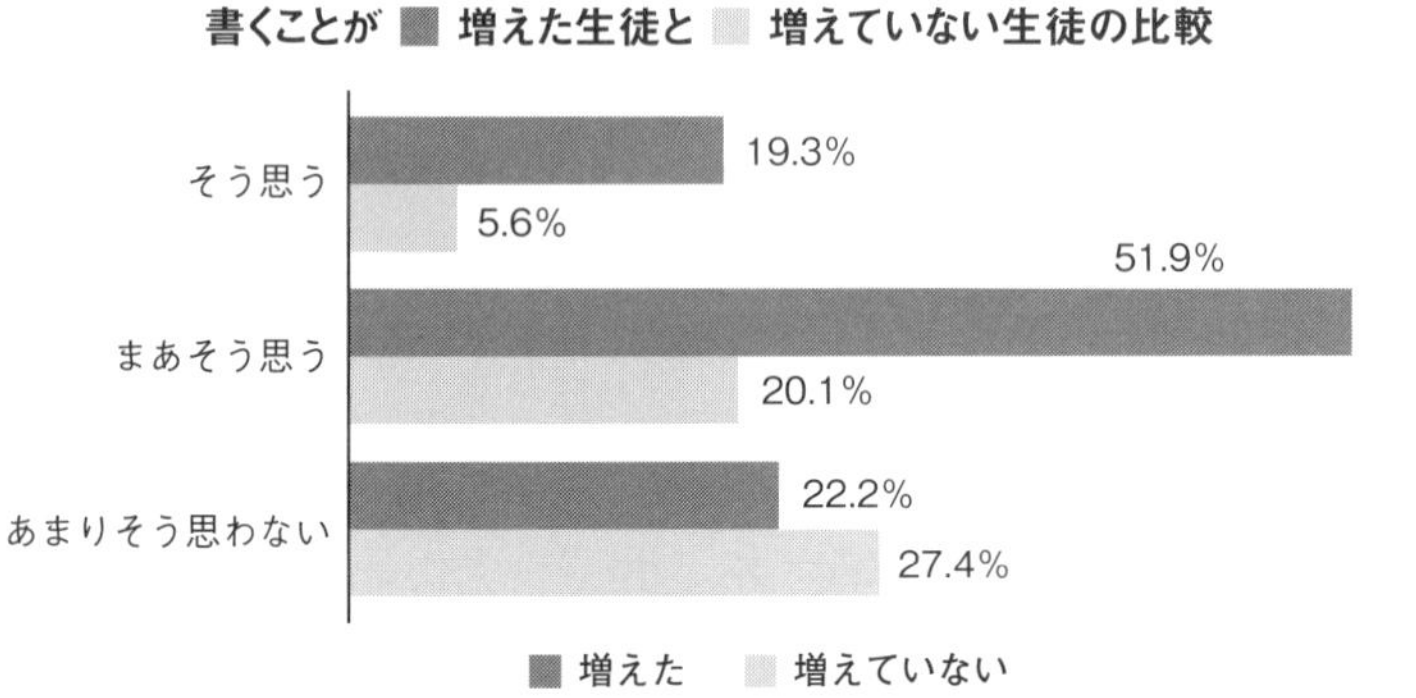

2016年度NOLTYスコラプログラム
成長実感調査集計結果より(全国665校、194,859名)2016年11月時点

⇩先々を意識して行動できる

手帳に学習計画やこれからの予定を書くようになると、「その予定のために、今何をするか」を考えるようになります。

一番わかりやすいのは、定期テスト前でしょう。テストの日程が発表されたら、「そのテストのために、今から何をどう勉強するか」を考えます。1教科10時間の勉強が必要なら、5教科で50時間。3週間前から勉強を始めれば、21日ありますから、平日1日2時間勉強して、土日に3〜4時間やれば、50時間の勉強ができることがわかります。

やってみるとわかりますが、手帳を開いてまだまだ白いページにどの教科を何時間勉強するかを決めて書いていくのはなかなか楽しいものです。

ですが、実際は、実行できなかった予定を組み直していくうちに、だんだん時間がなくなって、結局間に合わないということもあります。

そうした〝イタい〟経験も手帳に残しておけば、次の定期テストのときは予備日を設けたり早めにスタートするなど、自分により合った計画を立てることができます。

このように、手帳を通して先々への意識を高めることの効果は勉強に限った話ではありません。部活動の大会などイベントや、日々の移動教室でも十分応用が効くはずです。

04 「考える習慣」でできるようになること

⇩どうして考える習慣が身につくの？

これまでの説明で、「手帳に書く習慣」が身につくと、自然に「時間を意識する習慣」が身につくことはわかったことでしょう。ですが、じつは効果はそれだけではありません。同時に「考える習慣」も身につくのです。

例を挙げて考えてみましょう。

たとえば、6月1日のホームルームで、あるプリントを渡され、「6月10日までに提出してください」と言われたとしましょう。忘れないように、さっそく手帳に記入します。

さて、ここであなたなら、手帳のどこに、どのように書くでしょうか？

6月1日、つまり、言われた当日の欄に書いたとしたらどうでしょうか？

残念ながら、これだと提出物を期限の10日に出すのは難しそうです。その日のうちに見直して、翌日提出してしまうなら話は別ですが、そうでなければ、たいていは、締切の2～3日前に準備をするケースが多いはず。ですが、その日に、前の週のページにある「1

日」の欄を見直すことはほとんどないからです。

一方、提出日とされていた10日の欄に書いたらどうでしょう？　手帳は見開きで1週間が見渡せるようになっていますから、これなら、期限の前日か前々日、つまり8日か9日ごろには「10日が提出物の締切日だな」と気づくことができます。

もっと手帳を使い慣れてくると、前日の9日に「○○提出　明日10日締切」と書く人もいます。提出物を準備する日の欄に書き込んでおけば、より確実に準備ができるという考え方です。

そのほか、重要な提出物の場合は赤ペンで記入してわざと目立つようにするなど、自分が絶対に忘れない工夫も、自分の頭で考えるからこそ思いつくことです。

手帳に計画や予定を書くようになると、「何時から勉強するか？」「どの教科を何分やるか？」など、自分にベストな方法を考えますし、実行できなかった予定を「次にいつ組み込むか」と考えます。

そうやって、手帳に書く習慣が身につくと、考える習慣も同時に身につくのです。書くからこそ、そのたびにいろいろ考えます。

⇩自分の行動を振り返って次に活かすことができるようになる

ここまで、中学生や高校生のみなさんが手帳を使うことで、できるようになることをいろいろとお伝えしてきましたが、私たちがもっとも大切で重要な使い方だと考えているのが、手帳を使って「自分の行動を振り返る」ことです。

手帳には、未来の計画や予定も書きますが、実行できたこと、実行できなかったことなど「過去」も書かれて残っていきます。

この過去をそのままにしておくと、いつまでたっても未来がよい方向に変わっていきません。過去を振り返って考えることで、「次は、ああしよう」「今度は、こうしてみよう」などと新しい工夫やアイデアを思いつくことができます。そして、それを実際にやってみることで、自分のやり方が増え、実際にできることが増えていきます。

こうした自分の行動を振り返って次に活かすことができるのは、手帳ならではの効用です。

たとえば、夜寝る前に手帳を見て、今日１日を振り返って考えます。

「今日は、計画していた英語の勉強ができた」

「読みたかった本を読み終えることができた」

こうした日々の成功体験は、自分のやる気を上げますし、何より自信につながります。

しかし、せっかくの成功体験も、振り返りの時間をつくらなければそのまま素通りしてしまうことになります。

とてももったいないことだと思いませんか？

そうはいっても、なかなか毎日振り返るのは難しいし面倒だと考えるかもしれません。そこでおすすめするのが、決まった曜日にまとめて1週間を振り返って考える方法です。時間は朝でも夜でもかまいません。20～30分間の「振り返りタイム」の予定を立てます。もちろん、手帳に書き込んでください。

振り返りタイムでは、直前の1週間分のスケジュール欄をながめて考えます。日々、手帳にいろいろなことを書いている人ほど、振り返りの内容が充実するのはいうまでもありません。

気づいたことを自由に書き出してみましょう。なかなか思いつかない人は、この1週間で「うまくいったこと」「うまくいかなかったこと」を、それぞれ書き出してみましょう。振り返りは反省とは違いますから「うまくいったこと」「いかなかったこと」両方を振り返るのが大切です。そうすることにより、伸ばしていくところと工夫をして変えるところが見えてきます。

05 「PDCAサイクル」が自然に身につく

PDCAって何だろう？

ここまで、手帳を使うことで「手帳に書く習慣」「時間を意識する習慣」「考える習慣」の3つのよい習慣が身につくことを一緒に学んできましたね。

じつは、これらはビジネスの場で大切にされている「PDCAサイクル」と呼ばれるものと同じ内容を示しています。

PDCAとは、行動の質を高めるための考え方で、P〈PLAN〈目標・計画〉〉、D〈DO〈実行〉〉、C〈CHECK〈振り返り〉〉、A〈ACTION〈工夫・改善〉〉の順番で進め、Aが終わったら、また次のPにつなげていきます。

まずは「P」。目標や計画を立ててから実行に移したほうが、何の計画も立てずに、ただ行きあたりばったりにいろいろなことに手をつけるよりも効率的に進められるので、実行できることが確実に増えます。

PDCAサイクル

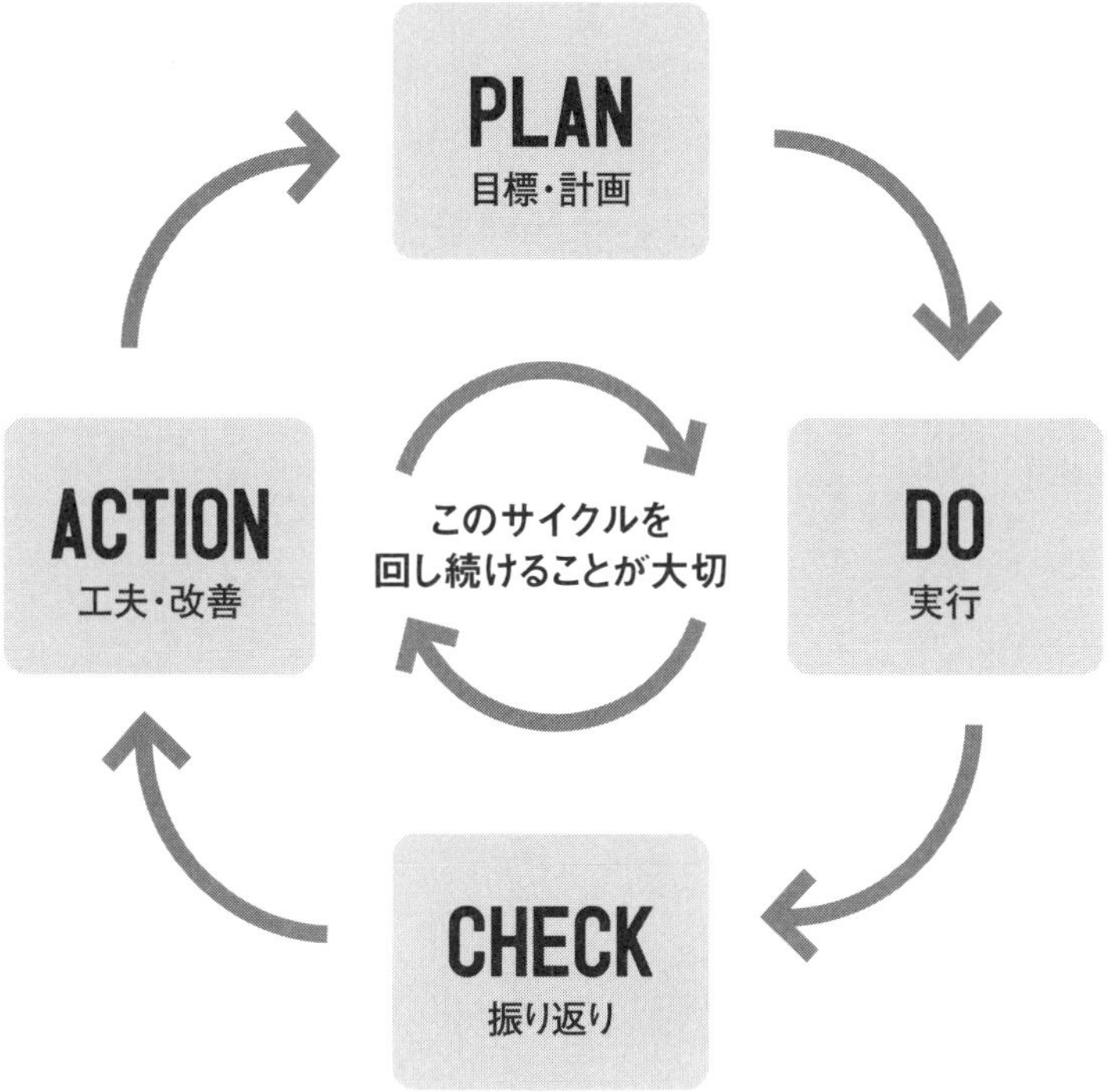

つまり、計画を立てることで仕事や勉強の効率が格段にアップするのです。

「D」で実行したら、次は「C」の振り返りです。ここでは、実行できたこと、実行できなかったことを振り返ります。何がよくて実行できたのか、逆に何が障害になって実行できなかったのか。次々とよい点、悪い点を振り返ります。

そして、それらの振り返りを次の計画を立てるのに役立てます。よかった点は次の計画時にも同様に活かし、悪かった点は何らかの工夫・改善を加えて、同じ失敗をしないようにします。これが「A」の部分です。

1サイクル回ったら、また計画と実行に移し、振り返って、その振り返りを活かした工夫を考えて次の計画に移ります。このように、P→D→C→A……を連続させていきます。

タイヤがぐるぐると回り続けるように連続して回し続けることから、PDCAサイクルと呼ばれています。

⇩手帳を使うことで一生ものの力を手に入れる

PDCAサイクルは、これまでビジネスの場面では広く浸透していましたが、一般的にはあまり知られていませんでした。特に学校ではこれまで時間の使い方や計画の立て方などを学ぶ機会が少なかったため、生徒のみなさんも、なかなか見聞きする機会がなかったことでしょう。

ですが、近年、手帳がビジネスパーソンだけでなく、主婦の方や学校生活を送るみなさんなど幅広い層に活用されるようになって、このＰＤＣＡサイクルも広く一般に普及し始めています。

実際に、手帳を使ってＰＤＣＡサイクルを回していくことで、自分のやりたかったこと、たとえば、部活動と勉強、趣味の習い事や遊びとの両立ができるようになったり、受験勉強だけでなく、大学に入学してからの勉強や資格取得、趣味の旅行や読書などの時間をつくるのに役立っています。

こうやって10代のうちから手帳を使うことによって、一生ものの「書く力」「時間を意識する力」「考える力」「ＰＤＣＡサイクル」を早い時期から身につけることができます。手帳に書き込んで、自分が自分に対して約束したり、励ましたり、注意を促したりすることで、自ら学び、自ら考え、自ら行動するといった「自己管理力」が養われていくのです。

⇩ＰＤＣＡサイクルを定着させるコツ

手帳を使うことで生まれるＰＤＣＡサイクルがどんなものなのか、いかにみなさんの生活に役立つものなのか、何となくイメージがわいたでしょうか？

ですが、じつは勝負はここからです。

つまり、「いいな」と思っても、実際に「やって」みて、「続けて」みないと、どんないいことも効果を上げることはできません。

では、ここからは、続けるコツと、ＰＤＣＡサイクルを回すときのポイントをご紹介しましょう。

まず最初は、続けるコツです。その一番のポイントは、小さな成功をたくさん経験することです。いきなり手帳に大きな目標や綿密な計画を書き込むのではなく、すぐに達成できる目標・計画をざっくりと書き込んで、それを確実に実行していくのです。計画実行率がアップすると、達成感も高まります。すると自然とやる気も高まります。やる気が高まると、さらに実行できることが増えていきます。するとさらにやる気が高まる……。この好循環が、ＰＤＣＡサイクルを回し続けるエンジンになります。

では、このＰＤＣＡサイクルを回し続けるとき、あなたならどこに一番力を入れるでしょうか？

たいていの人が「Ｐ」つまり、目標・計画の部分を最も重要視するのではないでしょうか？　夏休み前に、８月半ばまでに宿題を終わりにする予定を立てた経験がある人も多いことでしょう（もっとも、夏休みの宿題の場合は、次の「D（実行）」が伴わずその多くが8月末に半泣きで宿題漬けの日々を送ることになりますが……）。

実際に、ビジネスの場面でもこれまでもPDCAサイクルでは、前半の「P」「D」の部分に重きが置かれていました。

計画を立てて実行するだけでも、計画も予定も立てずにやる人よりは、大きな成果を生み出すことができたからです。

ですが最近は多くの人が計画を立ててから実行するようになり、それだけでは差をつけることができなくなってきました。そこで改めて見直されているのがPDCAサイクルの後半の「C」「A」です。つまり自分の計画や行動を「振り返って工夫・改善すること」に重点が移ってきています。

なかでも生徒のみなさんにおすすめしたいのは、「C」の振り返りです。

中学生・高校生向けの「NOLTY《ノルティ》スコラ」シリーズの手帳で1週間ごとに自分の行動を振り返って記入する欄をつくったのも、中学生や高校生には振り返りが欠かせないと考えているからです。

10代の頃は、自分ではよくわかっているようで、じつは自分のことをわかっていません。ひょっとすると、周りにいる先生や親のほうがその子の特徴をしっかり把握している

こともあるかもしれません。ですが、手帳を使って毎週の「振り返り」を習慣化すると、自分の行動の特徴が見えてきます。

自分の進路を決める上でも、自分の特徴をきちんと知っているかどうかは重要なポイントです。日頃から手帳を使って自分の行動を振り返って観察し、気づいたことをメモしておけば、進学や就職のときにも役立つことは間違いありません。

「振り返り」は自分を知るだけでなく、自分をつくることにもなります。

自分の強みがわかれば、それをさらに伸ばすことができます。

自分の弱点がわかれば、それを克服する方法を考えることもできます。

自分の行動を振り返ると、自分も知らなかった自分が見えてきます。意外な自分に気づき、さらに自分で工夫を加えることができるようになると、きっと自分の明るい未来が見えてくることでしょう。

Part 2

計画を立てる

Story 2 先輩が優しいのは なぜ?

だいぶ聞けるようになったわね
早希先輩！
早希先輩のおかげです！
手帳の使い方を変えただけで時間に対する考え方が変わりました！
本当に魔法の手帳ですね！
たたっ
まだ工夫できるところはたくさんあるからもっとよくなるわよ
今日もいろいろと教えてあげるわ
なんで早希先輩が見ず知らずのお前に・・・
ハッ

あの…早希先輩…
ん?
どうしてそんなに私に優しいんですか?
そんなの別にいいでしょ
気になります!
教えてくださいっ!
だったら次の期末テストで成績を上げたら教えてあげるわ
え…!?
どうしてそうなるんですか!?
あなたが赤点を取ったら吹奏楽部のみんなの努力が無駄になるでしょ
あんな点数じゃ赤点は目の前よ
32
見られてたし!!

どうする？
わかりましたっ！
必ず成績を上げてみせます!!
ダッ
何も聞かずに行っちゃった……
ま…いっか
うう…勉強する時間を見つけることはできるけど…
集中力が切れてきた…
三上
やっぱ得意な社会からやろうかな…
いや英語の方がいいかな…
ハァ…

そりゃ
そうだろー！
手帳に書いた
くらいで
そう簡単に
勉強ができる
ようになる
わけないだろ!?
けど
魔法の手帳
だよ!?
きっと他に
方法が
あるはず
…
なるほど
スケジュール
通りにうまく
いかないって
ことね
カフェテリア
はい…
このままだと
成績が上がら
ないんです…
どうしたら
いいんで
しょうか…?

苦手な勉強も手帳を使えばきっとうまくいくわ
やっぱり！
でも勉強するのはあなたよ
わ…わかってます…!!
ふふ
今回のキーワードは「計画」よ
計画ですか
目標を目指して計画をしっかり立てるの
やっているつもりなんですけど…
・テレビ
勉強
勉強
勉強
これを見ると8時から10時まで「勉強」としか書いていないでしょ？
は…はぁ

これじゃあ どの教科を 何時間勉強 するのか わからない
もっと細かく タスク化 していくの
タスク化?
やること リストをつくる! ってことよ
スッ
国語、数学 英語、社会
べ… 勉強だけ ですか…?
他に やること ある?
えっと… …読書 したり…
ゲーム したり…
やりたいこと はたくさん あるけど
時間は 限られて いるわ!
そ… そうなん ですけど…

そんなときはこの表にあてはめて考えればいいの
高
緊急度
低
3
重要ではないが緊急なもの
1
重要で緊急なもの
4
重要でなく緊急でないもの
2
重要だけど緊急でないもの
低
重要度
高
自然と優先順位が決まるでしょ？
読書は重要だけど緊急じゃないってことですね！
新作マンガ
3
1
4
読書
そうね
文学作品
タスクと優先順位が決まったら時間を見積もるの
たとえば英語の試験範囲が50ページあるとするでしょ？
English
50ページ ÷ 5ページ
(1時間)
＝10時間
5ページ勉強するのに1時間が必要なら50ページの場合10時間確保しなければならない
なるほど!!

予想される各教科のテスト範囲を勉強するのに何時間必要なのかを割り出す
やってごらん！
え…
今ですか？
今よ！
えっと国語は…
45ページからで…
できました！
これで勉強するために必要な時間が割り出されたわね
はい…
国語 ― 12時間
数学 ― 12時間
英語 ― 10時間
理A ― 8時間
現社 ― 8時間
テストまでまだ1カ月以上あるでしょ？
次は「月間計画」を立てるわよ！
月間計画…ですか？

月間計画とはその名の通り毎月の計画よ
10月
2 MON
11月 November
6 MON
まずスケジュールを見て勉強できない日が何日あるか数えてみて
えっと…この日とこの日は部活の予定があるでしょ…
この日は外出する予定が入っているでしょ…
う〜む
えっと…今月勉強できない日は……
5日かな…
いいわ！
勉強できない日を差し引いて　毎日何時間勉強しなければならないのか計算してみて
えっと…勉強できる日は25日だから……
最低でも1日…
1日2時間勉強しないと消化できない!!
わぁっけっこう大変っ!!
次は手帳には細かく時間を区切って科目を決めて書き込むのよ
ええ…全部ですか…？
今から・・・
ここまでやることで具体的な予定が立てられるでしょ？
なるほど…確かにそうですね

できました〜〜〜〜!!
疲れた…
続いて「今週の目標」よ
えっ…!? まだ目標があるんですか?
がばっ
毎週の目標を立てるなんて大変ですよ…!
そんなに重く考えなくていいから少しがんばれば1週間で達成できる目標にすれば自信につながるわ
「やりたいこと」も一緒に書けばモチベーションになるし
それくらいなら…
ちなみに「年間目標」を書くのも大切よ
今年の目標…
か…
見て 手帳の最初のページが白紙になっているでしょ?
ここに今年やろうとすることを大きく書いておくの

一番に目立つところだからそのたびに「そうだこの目標のためにも今がんばらないと！」って
目標や夢を意識し続けることができるでしょ？

早希先輩も書いているんですか？

もちろんよ！

見せてください！

やだ
どうしてですか!?いいじゃないですか！

お願いします！

…仕方ないわね…

いくわよ？

はいっ！

聖応大学に入学する！

み…見えたの!?
見えましたよ!すごいですね聖応大学って学生オケが有名ですよねっ!
よく知っているね…
憧れですから!
……
私の年間目標は…
「あの男の子と一緒に演奏できるくらいフルートがうまくなってみせる」!
あの男の子と一緒に演奏できるくらいフルートがうまくなってみせる。
いいんじゃない?
へへへ…
最後にスケジューリングの3つのコツを教えてあげるわ
3つのコツ?

三上
あ…8時…
ワイワイ ハハハ
さて数学の勉強するか
え？どうしたの？
熱でもあるのか？
うふふふ 私は生まれ変わったのよ
できる女に!!
おほほほほほ
30分後――
ふう 終わった
ええっ!? もう終わったの!?
ガタンッ

何よ
たった30分？
これでいいのよ
スケジューリングの3つのコツ？
そうよ
まずは「自分の集中力を考える」
2時間や3時間連続で勉強するのはとても難しいし集中力はそんなに続かないわ
自分の集中できる時間と場所を理解してスケジューリングするのがポイントよ
だから30分単位でスケジュールを組むと集中できる時間帯を細かく設定することができるでしょ
前のスケジュールでは毎日3時間勉強しようとしたけど全然できなかった
トータル1日2時間試験勉強すればいいんだから
早起きして30分お風呂に入る前に30分寝る前に1時間で2時間

ふう 終わった——!
あとは朝練の前に30分勉強っと…
タイマーセットと…
5:30
プッ
プッ
チュン
チュン
朝早起きすると静かだし集中できる
こんなにも毎日が充実するんだ!
わぁっ 細かっ!
1-3
スケジュールがパワーアップしているぞ!
だから勝手に見るなってば!
あれ…スケジュールにところどころ空き時間があるんだけど…
なんで? ここも埋めちゃえばいいのに
ひょいっ
ぶんっ

そこはわざと空き時間をつくってるのよ！
わざと？
2つ目「空き時間を計画する」
どうして空き時間を入れるんですか？
なんだかもったいない
計画と計画の間に空き時間をつくっておくともし開始時間が10分遅れても
その次の計画までに30分の空き時間があるから予定通り実行できるでしょ？
そっか！頭いい！
そして最後に「変更も予想しておく」のよ
どういうことですか？
計画に変更はつきもの
だからゆとりのある計画を立てたほうが実行しやすいわ
ということ
なるほど早希先輩いいこと言うな
オレも手帳書いてみようかな
えっ
だって話聞いてると手帳を書くのっていいことだらけじゃん！

いいと思うよ！
オススメだよ！
以前学校から配られた手帳があったでしょ！それを使ってみたら？
あぁ そういえばあったたな！
じゃあ ドーナッツおごるからもう少し詳しく教えてくれよ！
え…
ドキ…
別にいいだろう？
けど放課後はスケジュールが…
計画は変更するもんさ！
し…仕方ないわね
三上っ！
悪い悪い 家から手帳取ってきたぜ
ハハッ
手帳の中身見事にまっさらだった！
もったいない
私も人のこと言えないけど…
それじゃあさっそく
ちょっと待って
予定を書くときに気をつけるポイントが3つあるんだけど

何 それ？
それが これ
1. 1日に3回以上開いて書く
2. 3点基本行動時間の記録
3. 開いて書くタイミングを決める
受け売りだけど♪
ほおー
1週間後——
どうだ 三上！
あのあと ちょこちょこ 聞いたやつを ためしてみた
わ… すごい
スケジュール 立てるのって 楽しいな！
けど実行 しないとね！
わかってるって！
なぁ三上 これ見てみ
目標とか スケジュールを 実行したことを 線で引くと
達成感が 味わえるぞ！
ホントだ！
英語90
数学60

気持ちを絵にするのもいいよ
そのときの感情が思い返せるし
どれどれ？
へえ面白いな
3 TUE いつもより早起きしたので午後の授業眠かった…
4 WED 社会の勉強がしたくなくて、数学ばかり勉強した…
5 THU 単語テストで90点とれた！
睡眠
あれ？
この日の花丸これは？
やめてぇ!!
なっなんだよっ
これは…
？
変なヤツ…
4 WED
5 THU
6 FRI
期末テスト！
睡眠

1-3
それじゃあ答案を返すぞ
三上
ガタン
はっはいっ
早希先輩!!
三上さん
早希先輩やりましたっ!!
全教科点数アップしましたよ!!

そう！ よかったわね
おめでとう！
早希先輩のおかげですっ！
あなたががんばったのよ！
ところで早希先輩…約束覚えてますか？
どうして私に優しくしてくれるのか教えてください
……
ショックを受けないでね
え…？
ザワ ザワ
え… うそ… どうしよう…
信じられないっ…
ごめんなさいっ
タッ

01 予定を手帳に書き込む

⇩すでに決まっている予定を書き込む

では、いよいよここからは、実際の手帳の書き方や計画の立て方を見ていきましょう。

なかなか手帳を活用できないと悩む人がよく口にするのが、「書くことがない」「何を書けばいいかわからない」という悩みです。ですが、そんな心配は無用です。

まず最初にやること、それは、すでに決まっている予定を手帳に書き込むことです。「書くことがない」と悩んでいる人も、学校の行事や授業、部活動、友だちとの約束、習い事や塾など、すでに決まっている予定があるはずです。

「時間割を見れば、何の授業かはわかるから、手帳に書かなくても大丈夫！」と思う人は、教室を移動する体育や音楽だけでも書いてみましょう。授業に遅れることがなくなるはずです。

テストのある授業だけ、宿題のある授業だけ書くという方法もあります。その授業がいつもとは違う特別な授業であることが、手帳を見ればすぐにわかります。

日々のスケジュール欄の記入例

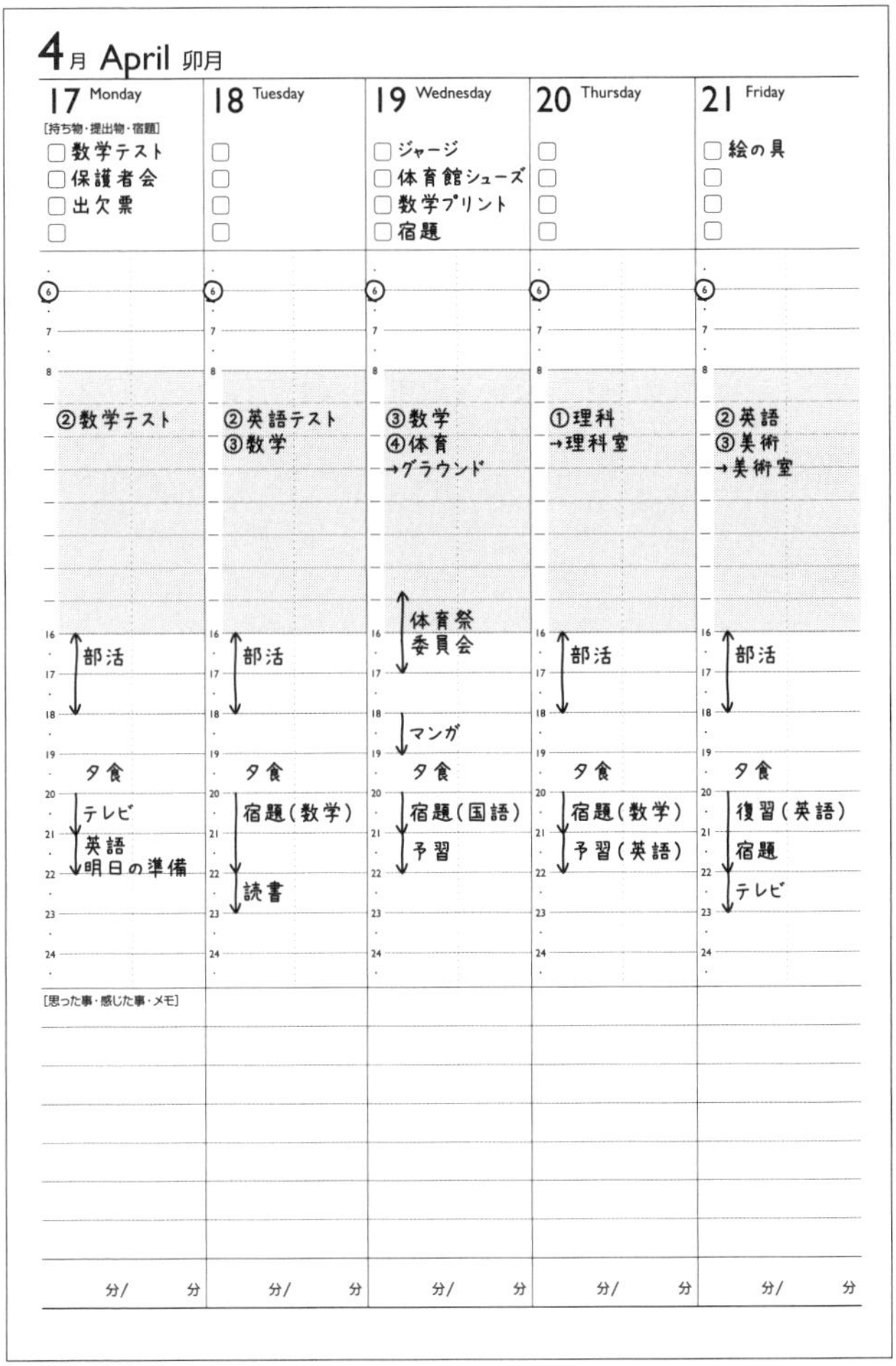

「NOLTYスコラライト」週間ページ

すでに決まっている予定をすべて書いたら、次に自分がやりたいこと、やらなければならないことを書いていきます。

たとえば、見たいテレビ番組の時間には「TV」や「テレビ」と書きます。「ゲーム」や「マンガ」「読書」など、やりたいことを、やりたい時間のところに書きます。

勉強する時間も計画を立てましょう。宿題が出れば、それを、何日の何時からやるか書きます。

予習や復習の時間も必要です。翌日や翌々日の時間割を見ながら、どの科目を、いつ、どれくらい勉強するか計画を立ててみましょう。

⇩予定を書き込むときの3つの基本

ここでは、書き込むときの基本を紹介します。手帳はあくまで自分のためのものであって、自分がわかればよいものです。人に見せるためにきれいに書く必要はありません。

①簡潔にわかりやすく書く

限られたスペースに見てわかるように、名詞や数字だけを書くようにします。

②記号や略語を使う

たとえば、「総合テスト」→「総テ」のように、長い名詞は短く略します。よく使う名

予定を書き込むときの基本の記入例

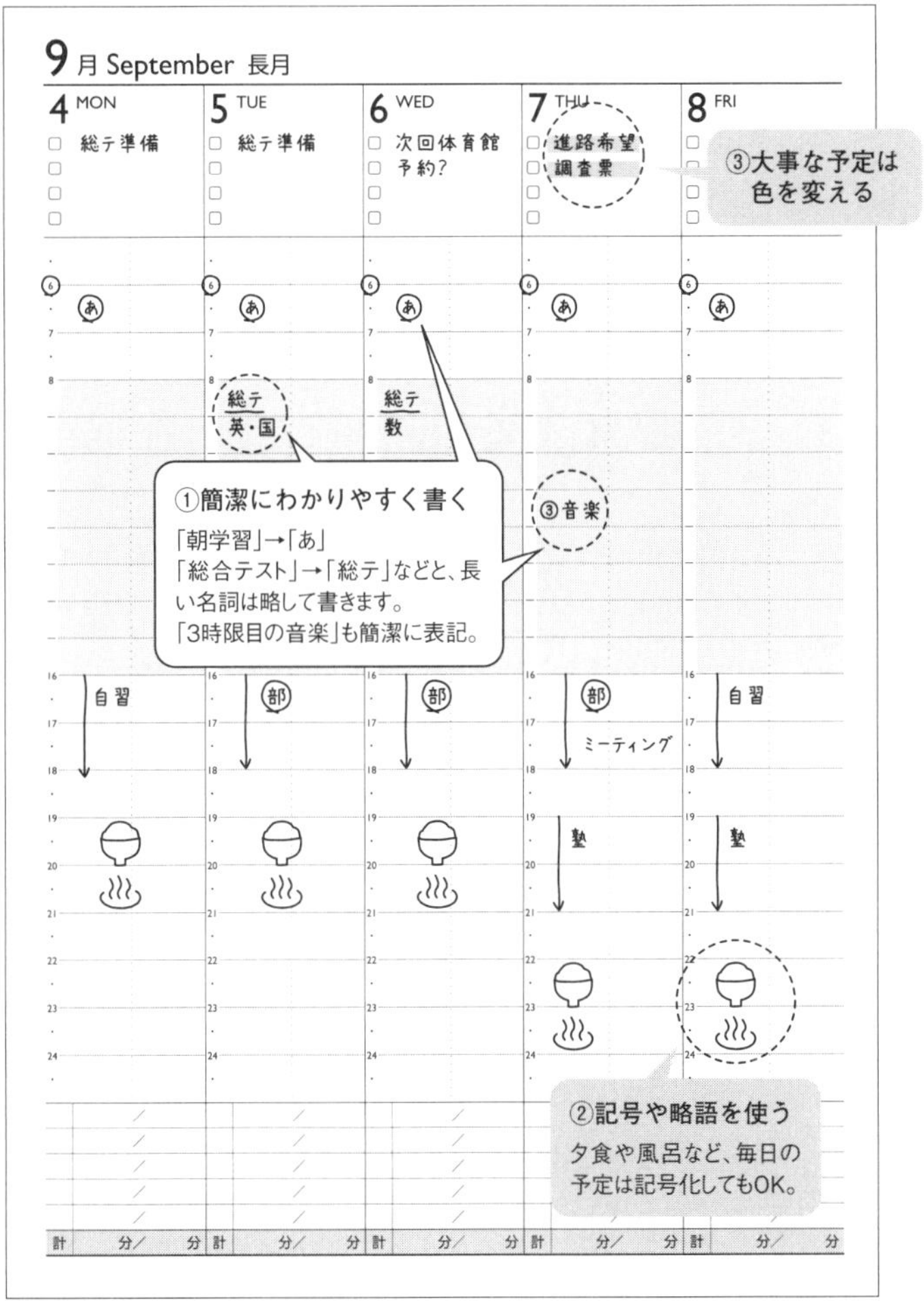

「NOLTYスコラ」週間ページ

詞も記号にします。自分だけがわかるものでかまいません。

③大事な予定は色を変える

宿題や提出物の締切日など、大事な予定は違う色のペンで書くなど、目立つように工夫しましょう。アンダーラインや波線を加えてもよいでしょう。

COLUMN

・まずは決まっている年間行事を記入してみよう

学校では、大事な年間行事は4月に発表されることが多いはずです。手帳に慣れるためにも、まずは体育祭や文化祭、中間・期末テストの期間など学校の年間行事を、手帳の月間スケジュールページに書いてみましょう。

同じように部活動の年間の予定も手帳に書き込みます。大会や発表会の時期などは、毎年だいたい同じ時期に行われます。

塾や習い事も、年間予定があるでしょう。毎週通う曜日と時間が決まっているなら、最初の3カ月分（6月くらいまで）の予定を手帳のスケジュール欄に書き込みます。家族での旅行や帰省などの予定がすでに決まっていたら、それもどんどん書き込んでいきます。

自分の誕生日や家族、友だちの誕生日も書いておくと、プレゼントやメッセージの贈り忘れが防げて便利ですね。

4月 April 卯月

Monday	Tuesday	Wednesday	Thursday	Friday	Saturday	Sunday
					1 エイプリルフール	2
3	4	5	6	7 始業式 クラス写真 撮影 LHR	8	9
10 確認テスト	11 部活紹介	12 生徒総会	13	14	15	16
17	18	19	20 個人面談	21 健康診断 （午後）	22 土曜授業	23
24 体育祭実 行委員会	25	26	27	28 体育祭実 行委員会	29 昭和の日	30

5月 May 皐月

Monday	Tuesday	Wednesday	Thursday	Friday	Saturday	Sunday
1 メーデー	2	3 憲法記念日	4 みどりの日	5 こどもの日	6	7
8 確認テスト	9	10	11	12	13 サキちゃん バースデー	14 母の日
15	16	17	18 体育祭	19	20	21
22 眼科検診	23	24 中間テスト	25 中間テスト	26	27 地区新人戦 ←→	28
29	30	31				

「NOLTYスコラライト」月間ページ

02 計画の立て方

やることを書き出そう

すでに決まっている予定を立てると、それに関連して、やらなければならないこと、やりたいことが出てきます。ビジネスの用語ではこれらを「タスク」といいます。

たとえば、週末に部活動の練習試合の予定があれば、当日何時の電車に乗れば集合時間に間に合うかを事前に調べますね。電車の時刻や途中駅での友だちとの待ち合わせ時間などを手帳に書き込んでおきます。

では、Ｐａｒｔ１の復習を兼ねて、実際に少し考えてみましょう。

水曜日の国語の授業で漢字の書き取りの宿題が10ページ分出たとします。提出は来週の月曜日です。あなたならどこに書き込みますか？

①宿題が出された水曜日（今日）
②提出日の月曜日

③宿題をやる日

答えは③。すでに62ページで説明した内容ですから簡単ですね。

ここでの「すでに決まっていること」は、「10ページ分の漢字の書き取りを月曜日に提出する」です。そのためにやらなければならないのは、「木曜日から日曜日までの4日間のどこかで10ページ分の書き取りをする」ことです。

10ページ分の書き取りがどのくらいで終わるか時間見積りをします。だいたい2時間程度で終わるとわかったら、あとは、その4日間の中で2時間分の時間を確保します。毎日30分ずつ4日間かけてやる人もいれば、1日にまとめて2時間使って終わりにする人もいるでしょう。書き取りをする時間が決まったら、その時間を手帳に書き込みます。このように、いつまでに何をする、そのために、いつ、何を、どこまでやるか、筋道を立てることが「計画」です。

⇩テスト期間や夏休みの計画の立て方

基本の計画の立て方を説明してきましたが、ここからは、数週間から1カ月程度の少し長めの計画の立て方を見てみましょう。

予定の立て方と記入例

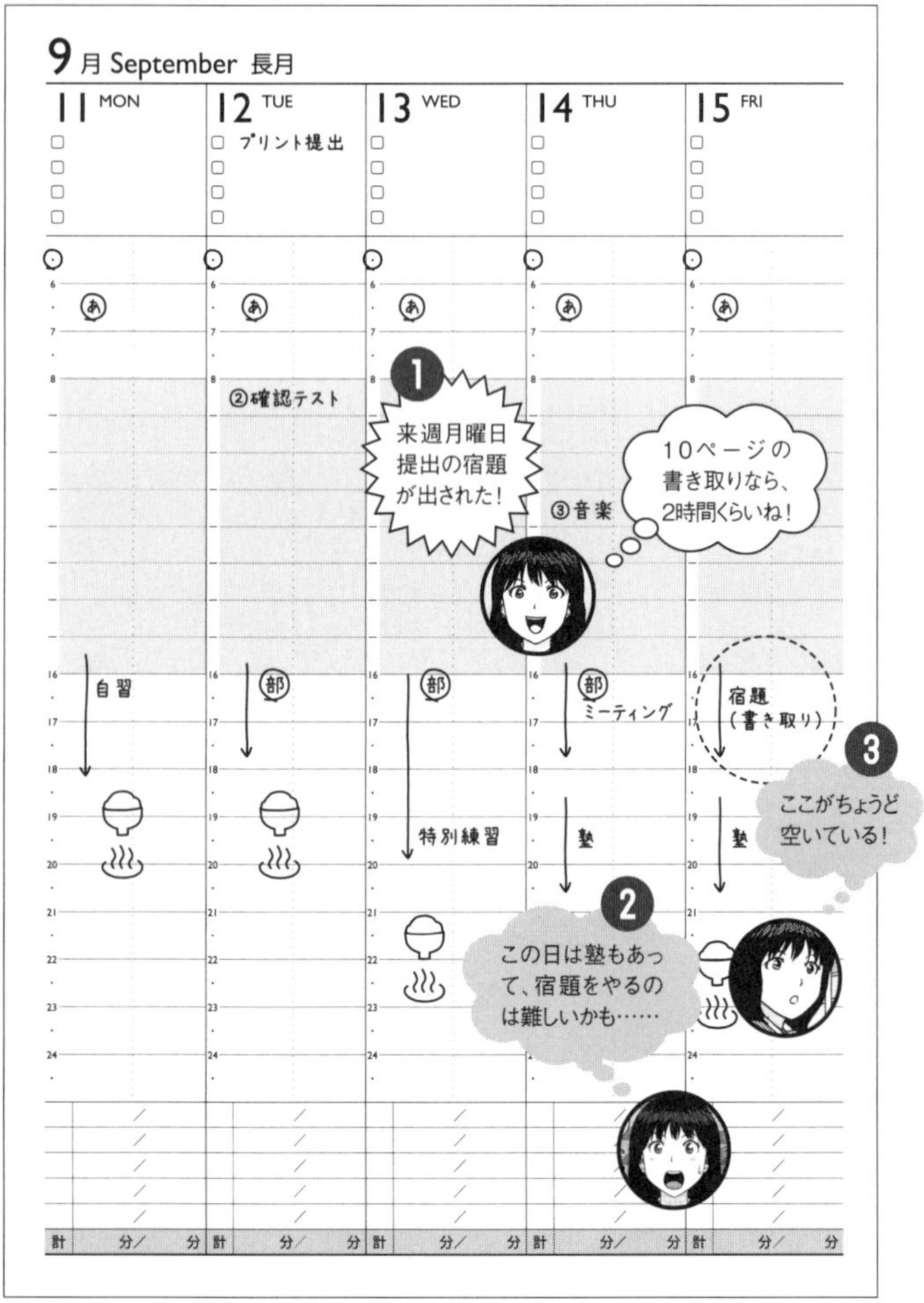

「NOLTYスコラ」週間ページ

たとえば、定期テスト前の数週間の試験勉強や夏休みなど、少し長めの計画を立てる際に使える考え方です。基本は、さきほど紹介した計画の立て方と同じです。

①やること（タスク）を書き出す

書き出したものをリスト化して「やることリスト」をつくります。たとえば、テストが行われるのが7科目であれば、7科目それぞれのテスト範囲をひと通り勉強するためのリストをつくります。

②やることに必要な時間を見積もる（時間見積もり）

たとえば、英語の試験範囲が教科書で40ページ分だとします。

5ページ勉強するのに1時間が必要なら、40ページでは8時間が必要になります。英語の「やることリスト」は、「40ページ8時間」となります。同じように、ほかの科目でもそれぞれテスト範囲を勉強するのに何時間が必要か計算します。ここでは、合計でおよそ50時間必要だとします。

③すでに決まっている予定とすり合わせる

次に、テストまでにどれくらい勉強ができそうかを考えます。

20日あれば、1日2時間30分ずつ勉強すると、50時間勉強できます。でも、手帳のスケ

✎試験勉強の計画の立て方例

① やること(タスク)を書き出す。

国語、数学、英語、理科、
社会、音楽、体育

② やることに必要な時間を見積もる。

国語 ……10時間
数学 ……10時間
英語 ……10時間
理科 ……7時間
社会 ……7時間
音楽 ……1.5時間
体育 ……1.5時間

③ すでに決まっている予定とすり合わせる

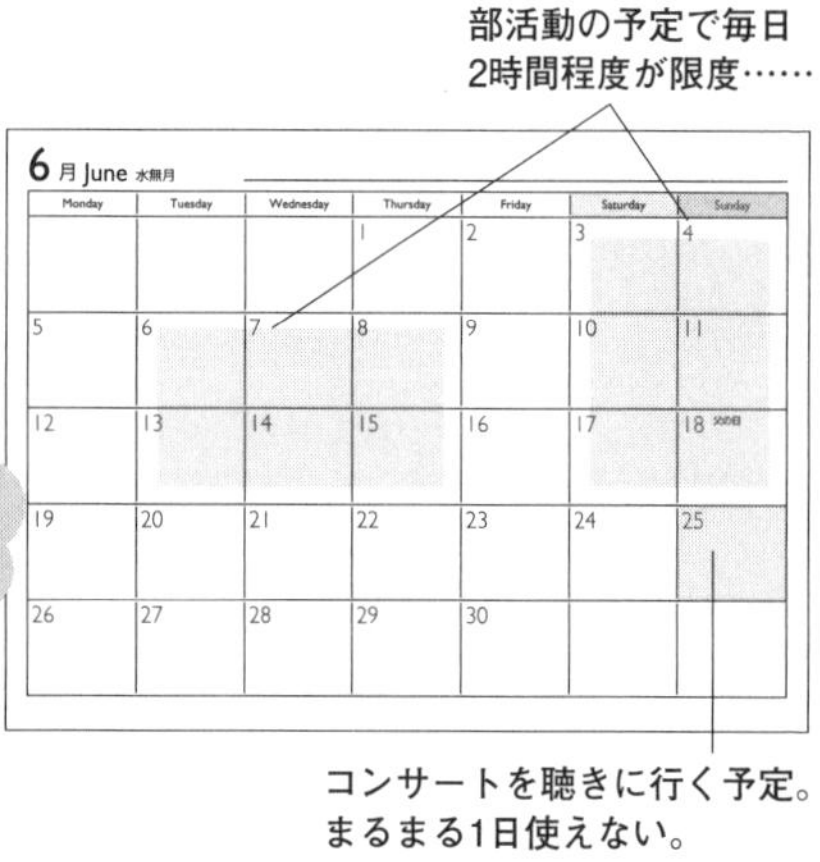
部活動の予定で毎日
2時間程度が限度……
6月 June 水無月
Monday
Tuesday
Wednesday
Thursday
Friday
Saturday
Sunday
1 2 3 4
5 6 7 8 9 10 11
12 13 14 15 16 17 18
19 20 21 22 23 24 25
26 27 28 29 30
コンサートを聴きに行く予定。
まるまる1日使えない。

まるまる使える日が思ったより少ない!

④ 決まった予定を手帳に記入する

余裕や隙間時間をあらかじめ計算に入れておくことが大切よ!

ジュール欄をよく見ると、テスト勉強できない日が3～5日くらいはありそうです。

多めに見積もって、5日間程度は勉強ができないと考えると、残りは15日です。そうなると、単純に見積もっても1日3時間半くらい確保しないとなりません。これを目安に、テスト直前の3日間は復習に割りあてたり、土日は勉強時間を増やしたりと調整します。

④決まった計画を手帳に記入する

最後は、具体的に決まった計画を手帳に記入していきます。

まず、「やることリスト」をつくり、それに必要な時間を計算し、そのために使える時間がどれくらいあるか考えて、実際に何日の何時から何をやるか、具体的な計画を手帳に書いていきます。

これらは、夏休みの計画であってもやり方は同じです。宿題や夏期講習、部活動、旅行など「やることリスト」をつくり、優先順位の高いものから具体的に手帳に計画を書き込んでいきます。

⇩優先順位を決めよう

「やりたいこと」がたくさんあるのはとてもよいことです。

でも、「やらなければならないこと」もありますし、時間は限られていますから、うまく予定を立てないと全部を実行することはできません。

「テレビも見たいし、ゲームもしたい。宿題もやらなくちゃ」

そんなとき役立つのが、「優先順位のつけ方」です。

左のページを見てください。横軸は「重要度」、縦軸は「緊急度」を表しています。

①重要で緊急なもの
②重要だけど緊急でないもの
③重要でないが緊急なもの
④重要でなく緊急でないもの

自分のやりたいこと、やらなければならないことをこの4つに分けて考えると、優先順位をつけることができます。テレビとゲームと宿題で考えてみましょう。

どうしても見たいテレビ番組は、何よりやりたいことですから、重要度が高いものです。

では、緊急度は高いでしょうか？　低いでしょうか？

録画して後で観てもいい番組なら緊急度は低くなり、②の「重要だけど緊急でないも

重要度・緊急度のマトリクス

ここがやっかいよ。③が多いと、大事な②の時間がなくなるから、さっさと終わらせるクセをつけてね!
優先順位は一番だけど、ここが増えるとパンクするわ!
高
緊急度
低
3
重要でないが緊急なもの
1
重要で緊急なもの
4
重要でなく緊急でないもの
2
重要だけど緊急でないもの
低
重要度
高
もっとも意識したほうがいいのはここ!
計画的に片づけて緊急にしないことね!

の」になります。重要なニュースやサッカーの試合の生放送など、その時間に観ることに意味がある番組なら、緊急度は高くなり、①の「重要で緊急なもの」になります。

ゲームはどうでしょうか？「時間があるときにやればいいや」ということなら、④の「重要でなく緊急でないもの」です。

宿題はやらなければならないことですから、当然重要度が高くなります。緊急度は、提出日によります。１０２ページで例として挙げた月曜日提出の漢字の書き取りの宿題も、宿題が出された水曜日なら、まだ②の「重要だけど緊急でないもの」になりますし、提出期限を明日に控えた日曜日であれば①の「重要で緊急なもの」になります。

これ以外に、毎日やることがありますね。食事をしたり、風呂に入ったりすることです。これらは重要といえば重要ですが、やりたいこと、どうしてもやらなければならないこととは違いますから、③の「重要でないが緊急なもの」になります。

こうして４つに分けたら、①の「重要で緊急なもの」から計画を立てていきます。

テレビでサッカーの試合を見たいとしたら、手帳のその時間のところに予定を書き込みます。宿題も、手帳を使って、何時から何時までやるか、予定を書き込みます。

しかし実際には、③のテレビを観てなおかつ宿題をやるだけの時間もなかったりします。こんなときはどうしたらいいのでしょうか?

そんなときは、テレビと宿題のどちらがより重要か考えます。

普通は選択の余地がありませんね。「やらなければならない」宿題を先にして、テレビは後回し。録画して後で観るのです。

こうならないためにも、早め早めに計画や予定を立てておくことが大切になるのです。じつは大切なのは「重要で緊急でないもの」を早めに片づけてしまうことです。たとえば、1週間後に提出のプリントがこれにあてはまります。これは時間が経てば、いずれ①の「重要で緊急なもの」に姿を変えます。宿題も提出日の前日に初めて手をつけるのではなく、もっと前にやっておけば①になる前の②の段階で終わらせることができます。

これに加えて、③の「重要でないが緊急なもの」に必要以上に時間をとられないようにすることが大切です。とくにやりたいことが多いときは、食事や風呂はサクサク終わらせるように心がけましょう。5分、10分と空いた隙間時間を活用するのも有効です。

優先順位をつけられるようになると、「やらなければならないこと」をやりながら、「やりたいこと」がどんどん実行できるようになります。

03 スケジューリングの4つのコツ

計画倒れにならないために押えておきたいこと

計画や予定を立てることを「スケジューリング」といいます。そのコツを4つ紹介します。

①自分の集中力を考慮する

学習計画を立てるときは、自分の集中力がどのくらい続くのかを考えてみましょう。2時間連続、3時間連続で勉強する計画を立てるのは簡単ですが、実行するのは難しいものです。1日のうちでもっとも集中できるゴールデンタイムは、起床後約3時間といわれていますから、午前中を有効活用しましょう。

②30分単位で考えてみる

5分や10分刻みで計画や予定を立てても、実行することはできません。15分でできることでも「30分」、45分かかりそうなら「1時間」と、30分刻みで少し余裕をもたせてスケジューリングします。一般的に集中力の持続時間は30~45分といわれています。

③空き時間を計画する

計画と計画の間に、わざと30分の空き時間をつくります。万が一、予定の開始時間が10分遅れても、次の計画までに30分の空き時間があれば、それ以後の計画は時間通りに実行できます。

④変更も予想しておく

計画に変更はつきものです。そう考えて、あらかじめ多少の変更ができるように、ゆとりのある計画を立てたほうが、実行できる確率が高まります。

スケジューリングの4つのコツ

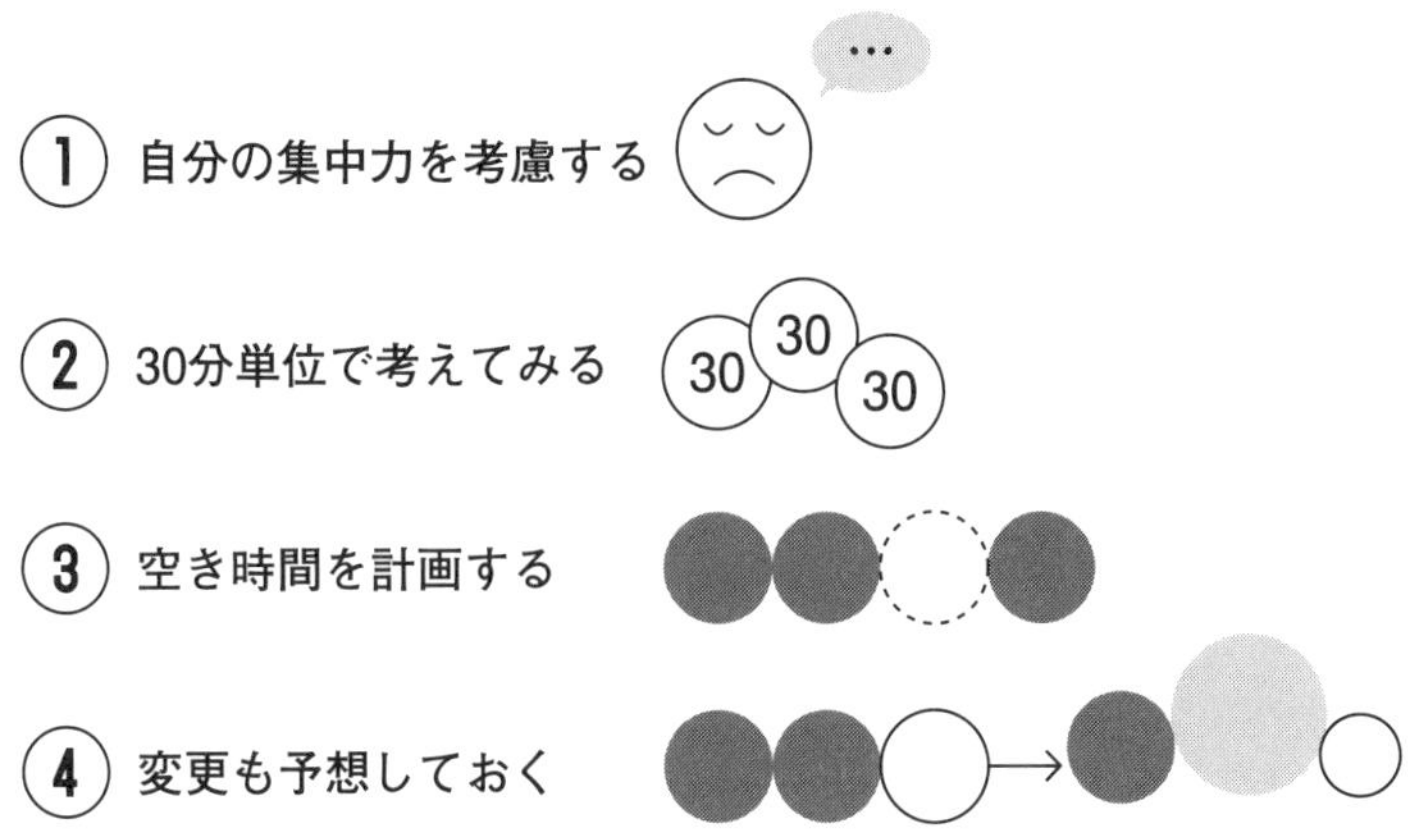
①自分の集中力を考慮する
…
②30分単位で考えてみる
30
30
30
③空き時間を計画する
④変更も予想しておく

04 目標を立てよう

ここまで、予定の立て方を中心に紹介してきましたが、もちろん手帳は単に日々の予定をこなしたり、記録したりするためだけのツールではありません。じつは、目標達成を実現する強力な武器にもなるのです。

年間目標を立てる

中学生や高校生は、4月に新年度が始まります。そのタイミングで、まず、「今年の目標」を考えて書くとよいでしょう。

目標を1つに絞る必要はありません。勉強のこと、部活動のこと、クラスのこと、家族のこと、プライベートのことなど、分けて考えると目標が決めやすくなります。

目標とは、なりたい自分や叶えたい夢のことです。「サッカー選手になる」など、将来に向けて大きな目標を立てるのもいいですし、将来のことはまだ想像できない、というのであれば「今年中に英検2級に合格する」など、がんばれば1年で届きそうな目標を書くのもいいですね。

年間目標の記入例

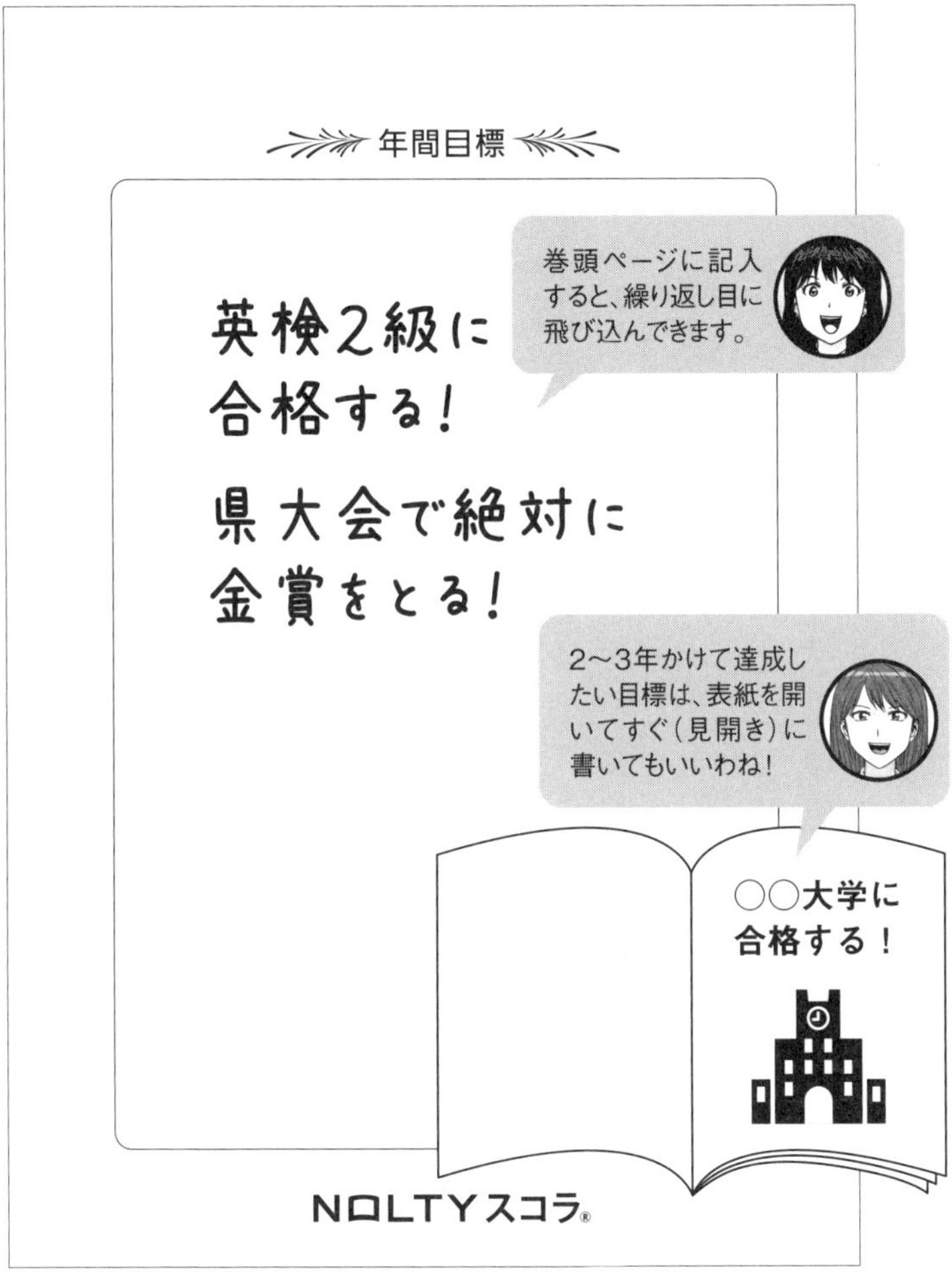

「NOLTYスコラ」年間目標ページ

今年の目標を書く場所は、手帳の最初のページがおすすめです。「NOLTY《ノルティ》スコラ」シリーズの手帳であれば、最初のページに「年間目標」を書き込む欄があります。もう少しきちんとした年間計画を立てたいなら、4月から翌年の4月まで、各月の目標を1年間分作成してみましょう。

⇩月間目標を立てる

4月の段階で年間計画を細かく分けて各月の目標を書かなかった人も、毎月1日に「今月の目標」を書いてみましょう。どんな目標でもかまいません。勉強、部活動、習い事でもいいですし、「生活リズムを整える」や「夏に向けて体力をつける」といった生活や健康に関することを目標にするのも楽しそうです。

手帳には、週間のスケジュールを書く欄以外に、カレンダーのように月間スケジュールを書くページが付いているものがあります。「NOLTY《ノルティ》スコラ」では、見開きで2カ月分、「NOLTY《ノルティ》スコラライト」では、見開きで4カ月分の月間カレンダーがあります。それぞれのカレンダーの上の余白にその月の目標を書き込むとよいでしょう。

月間スケジュール欄がなければ、各月の1日のスケジュールを書く週間スケジュールのページの余白に書きましょう。目につきやすいよう、できるだけ上の方に書きます。

月間目標の記入例

5 月 May 皐月　中間テストにむけて毎日2時間勉強する

MON	TUE	WED	THU	FRI	SAT	SUN
1 メーデー	2	3 憲法記念日 1日練	4 みどりの日 練習試合	5 こどもの日 練習試合	6 映画	7
8 図書返却! 体育祭 実行委員	9	10 体育祭 実行委員	11	12	13	14 母の日
15	16	17	18	19	20	21

「NOLTYスコラ」月間ページ

5 月 May 皐月　中間テストで学年30位以内に入る!

Monday	Tuesday	Wednesday	Thursday	Friday	Saturday	Sunday
1 メーデー	2	3 憲法記念日	4 みどりの日	5 こどもの日	6	7
8 確認テスト	9	10	11	12	13	14 母の日
15	16	17	18 体育祭	19	20	21
22 眼科検診	23	24 中間テスト	25 中間テスト	26	27 地区新人戦 ←→	28 ←
29	30	31				

「NOLTYスコラライト」月間ページ

⇩週間目標を立てる

「今年の目標」「今月の目標」に続いて、「今週の目標」も書きましょう。

毎週、目標を立てるのは大変そうですが、まずは、もっと気軽に考えて「今週やりたいこと」を書くだけで大丈夫です。たとえば、「合唱コンクールの練習を休まない！」「宿題を半分まで終わらせる」「読みかけの本を読み終える」でもいいのです。特に最初のうちは、「できそうな目標」を具体的に書いて、次々と目標達成していきましょう。中学生・高校生向けの手帳「ＮＯＬＴＹ《ノルティ》スコラ」シリーズには、今週の目標を書く欄があります。1週間のスケジュール欄の右上ですから、その週に手帳を開くとまず最初に目に飛び込んできます。

少し慣れたら、「できそうな目標」だけでなく、「少しがんばればその週で達成できる目標」を立てましょう。たとえば、「授業の予習復習を5日間欠かさない（1日30分）」でもいいですし、「小テストで毎回9割の点数を取る」でもかまいません。

目標を書いたら、書きっぱなしではなく、その目標を達成するために日々何ができるか、何をしたらいいか、目標達成のためにやるべきこと（タスク）を考えて日々の計画を立てましょう。「目標を立てる」→「達成する」。この繰り返しが毎日を充実させます。

今週の目標の書き方例

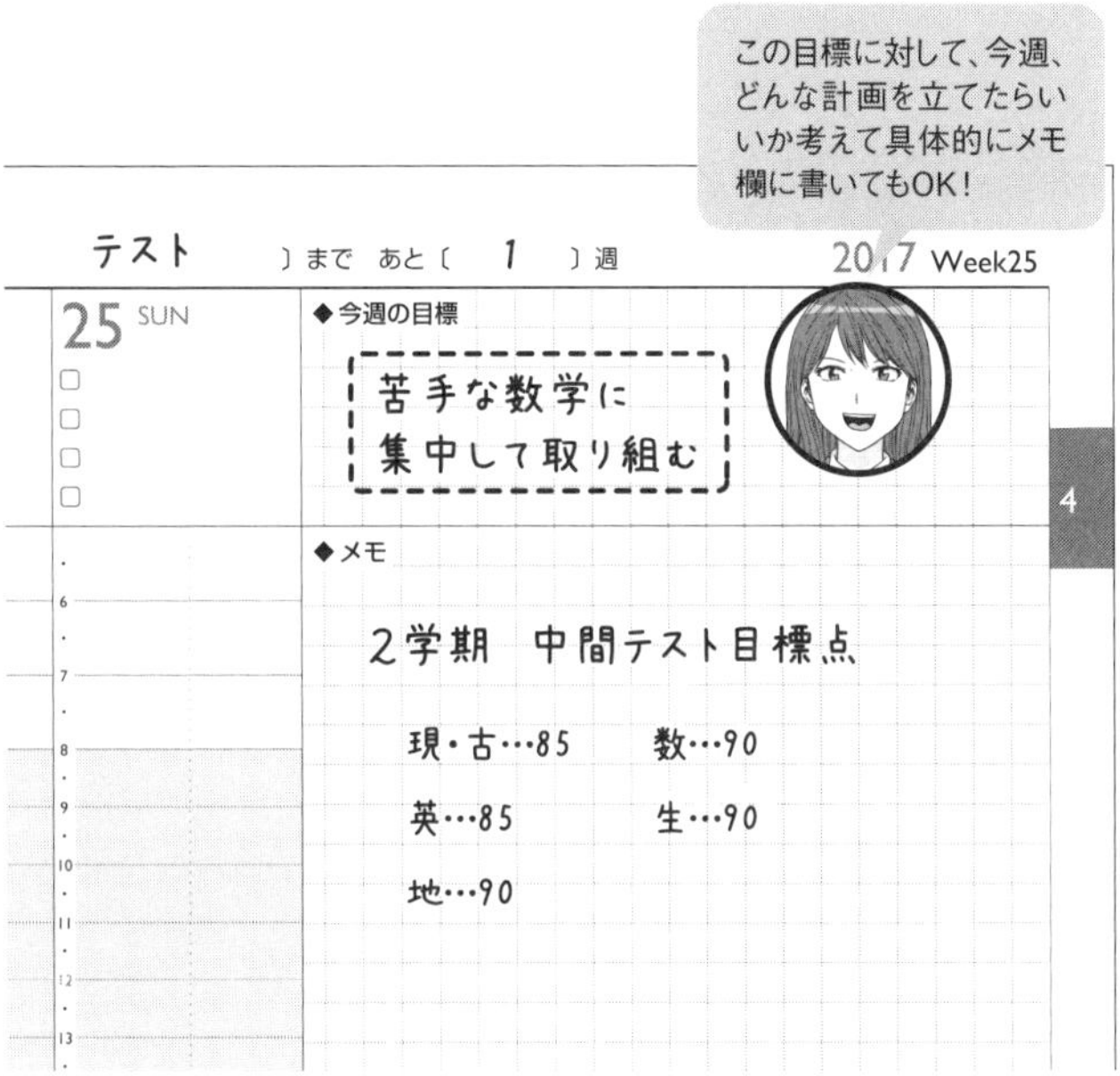
この目標に対して、今週、どんな計画を立てたらいいか考えて具体的にメモ欄に書いてもOK!
テスト 〕まで あと〔 1 〕週
2017 Week25
25 SUN
◆今週の目標
苦手な数学に集中して取り組む
4
◆メモ
2学期 中間テスト目標点
現・古…85 数…90
英…85 生…90
地…90

「NOLTYスコラ」週間ページ

もっと実行しやすい「やりたいこと」を書いてもいいですよね?
もちろん!「部活をがんばる!」とか「早寝早起き」もいいわ!

05 実行力をアップするコツ

ここまで、目標や予定を立て、それを手帳に書き込み実行に移していく方法を説明してきました。ここでは、実行の部分をより確実にするための、すぐにできて効果の高い方法を紹介します。

⇩実行したことを消して達成感を味わう

まずは、達成感を高めて次の「実行」を後押しする方法です。

やり方はとても簡単で、1つ実行したら上から線で消していくだけです。とても簡単な方法ですが、確実に「自分は次々といろいろなことが実行できている!」と達成感を味わうことができます。

実行したことをひとつひとつ見ると、誰にもできる、小さなタスクだったかもしれません。ですが、小さな達成感をたくさん経験すると、自然に意欲が向上します。

線で消すことによって、見た目がやや汚くなるのがいやな人は、やること(タスク)の前に四角いチェックボックスを書き、それを実行するたびにチェックを書き込んでいく方法もあります。

⇩カウントダウン効果を使って実行力を上げる

目標を書き、それに毎日、毎週目を通すことだけでも目標への意識が高まります。するとおのずと目標達成に近づくために行動しようとします。

ここに、さらにカウントダウンの要素を加えると、目標までの「時間の距離感」がわかってきます。最初のころは、まだまだ先だと思っていたテストや大会の日程が「あと3週」「あと2週」と近づいてくると、緊張感とともに、ワクワクした気持ちもアップします。いい意味で適度なプレッシャーをかけることになり、実行力が高まります。

もちろん、こういったプレッシャーが苦手な人もいるでしょう。その場合は無理する必要はありません。「旅行まであと3週」「夏休みまであと2週」などと、楽しい予定のときにだけ使えばＯＫです。

⇩自由に「絵」や気持ちを書いてもいい

手帳の書き方は本来自由です。手帳に何を書くか、どのように書くかを決めるのは自分です。ですから、必ずしも「予定」を「文字」で書かなければならないという決まりはあ

実行力をアップするための工夫例

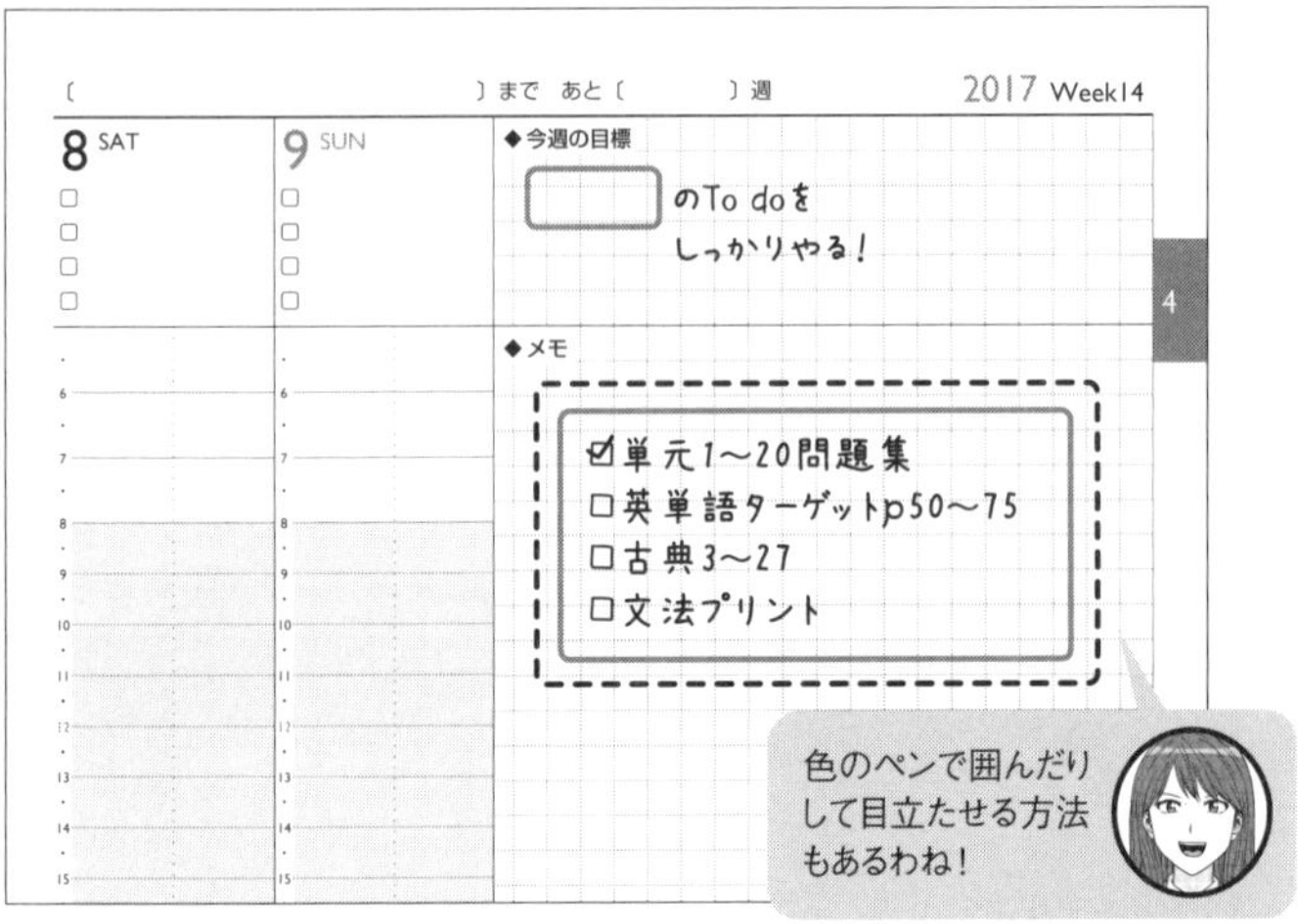

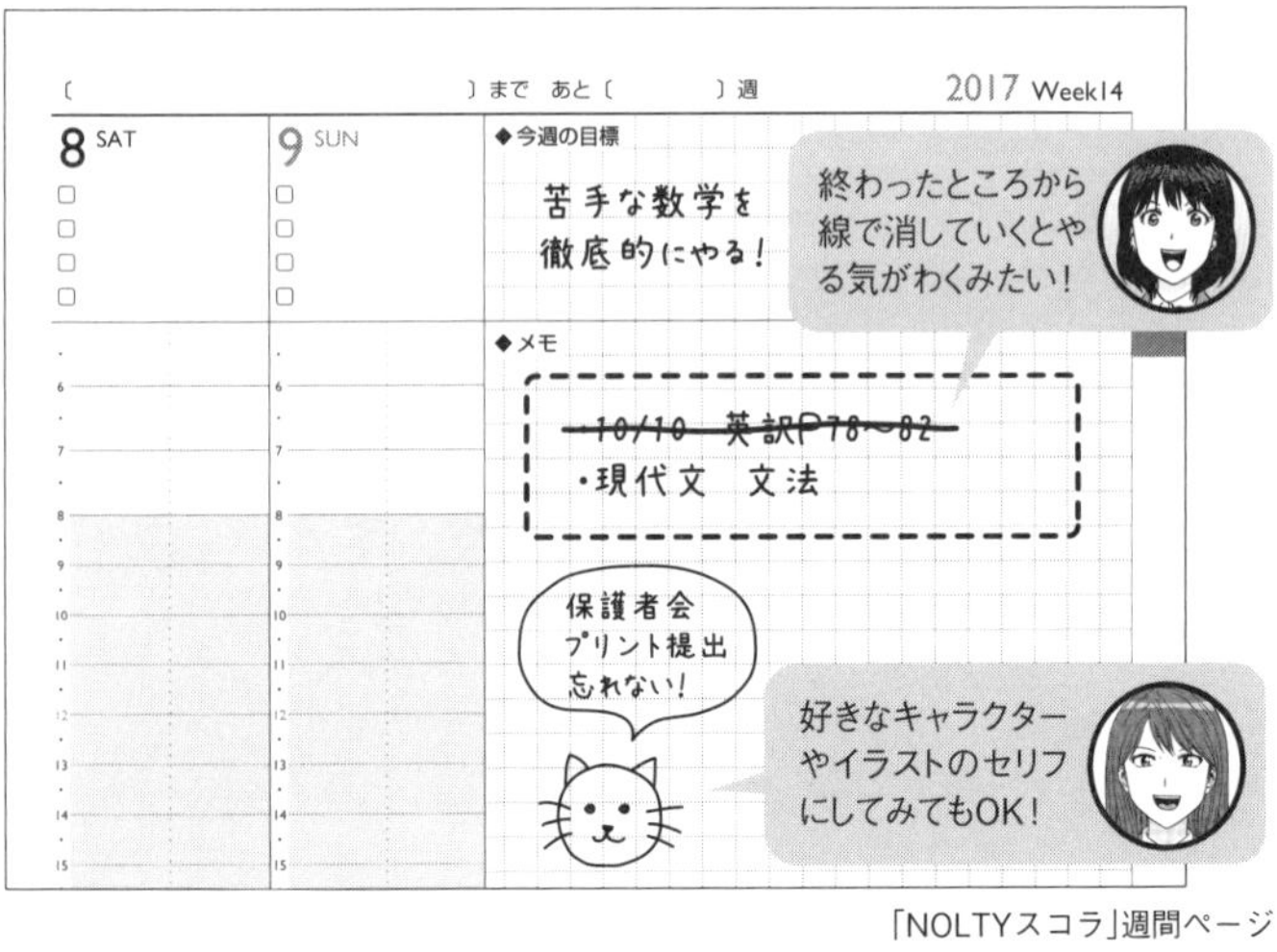

「NOLTYスコラ」週間ページ

りません。

とくに手帳を使い始めたばかりのときは、何でもいいからとにかく「書く」ことを一番大切にします。手帳を書く習慣がついてこそ、実行力も高まるのです。

たとえば、シールを貼ったり、スタンプを押したり、簡単なイラストを書いたりしてもよいでしょう。

その日の気持ちを簡単な顔のイラストにして書くと、後から見直したときに「あのときは、部活でレギュラーになれてすごく嬉しかった！」「数学の試験で、時間が足りなくなって最後の問題までたどり着けなくて落ち込んだ」などと、そのときの出来事だけでなく、感情をはっきりと思い出すことができます。

好きなアニメのキャラクターを描いてコメントを書き込んだり、かわいがっているペットの写真をプリントアウトして貼ったり、カラフルなマスキングテープや市販の付箋やシールを使ってデコレーションしたりして楽しい紙面をつくることも、手帳を身近に感じ、毎日開くきっかけになるでしょう。

文字以外を書いてみる

4月 April 卯月
17 Monday
18 Tuesday
19 Wednesday
20 Thursday
21 Friday
[持ち物・提出物・宿題]
数学テスト
保護者会
出欠票
ジャージ
体育館シューズ
数学プリント
宿題
絵の具
②数学テスト
②英語テスト ③数学
③数学 ④体育 →グラウンド
①理科 →理科室
②英語 ③美術 →美術室
部活
体育祭委員会
マンガ
夕食
テレビ
英語
明日の準備
宿題(数学)
読書
宿題(国語)
予習
予習(英語)
復習(英語)
宿題
[思った事・感じた事・メモ]
いつもより早起きしたから午後の授業が眠かったよ〜。
部活で今田先生から怒られた。あれは私のせいじゃないのに!!
コナンの新刊をゲット!さっそく読んだ〜。佐藤刑事かっこいい!
予習していたおかげで、授業中さされても答えられた!すごくない?
部活が大変だったけど、夕飯が唐揚げだった!幸せ。
60分/ 120分
120分/ 120分
120分/ 120分
120分/ 120分
120分/ 120分
その日の感想と一緒に感情をイラストで書き込んでみた例ね!

「NOLTYスコラライト」週間ページ

Part 3

振り返りと未来につなげる工夫

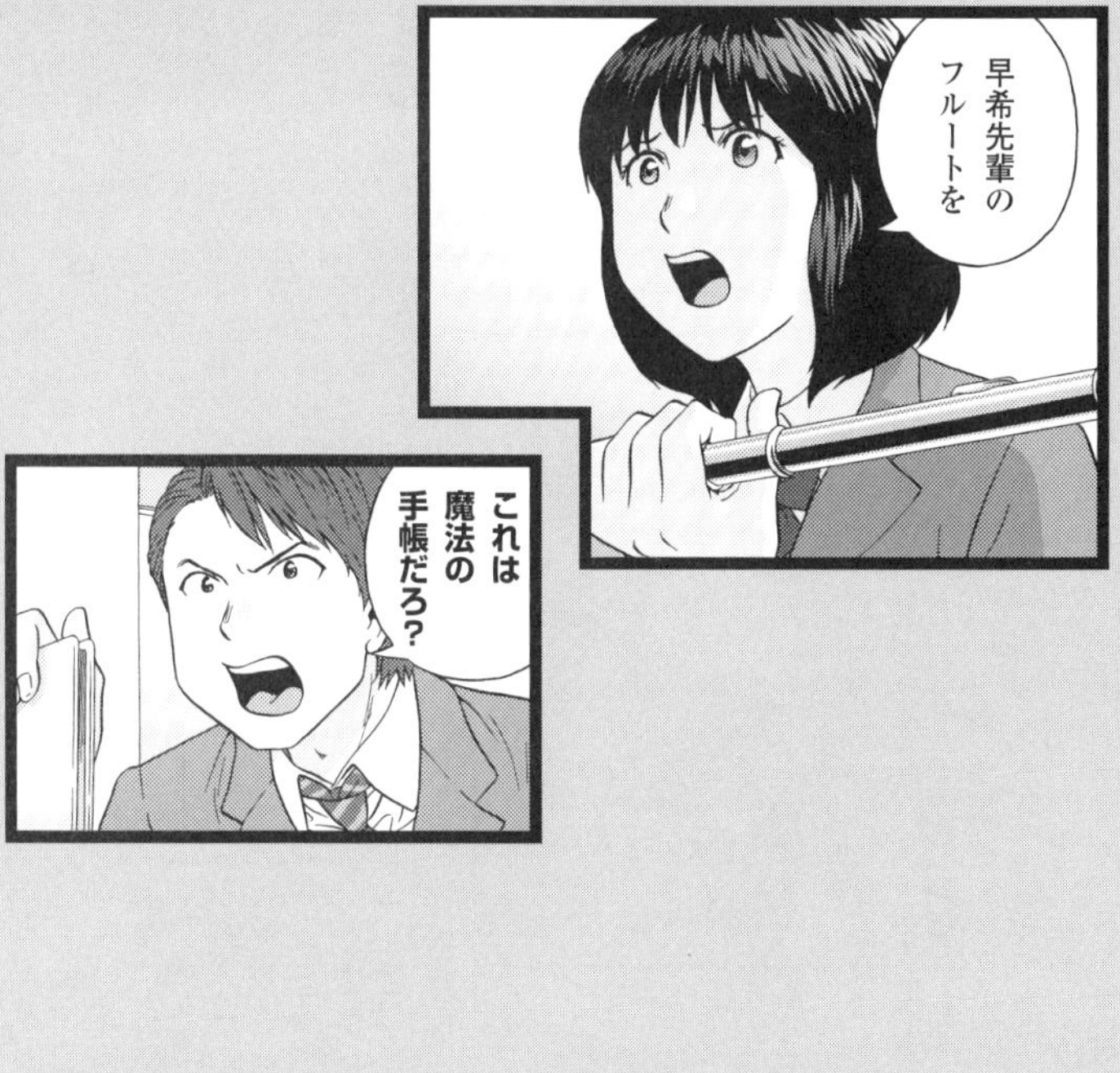

早希先輩のフルートを
これは魔法の手帳だろ？

Story 3
それぞれ夢を計画に、
形にするために！
ザ
じたばた
ドス
あ〜〜〜っ
私のバカバカバカーーッ!!
あ゛ああ
あぁ〜
どうしてこんなことにぃ〜!!
ところで早希先輩
約束覚えていますか？

……
どうして私に優しくしてくれるのか
教えてください
…
ショックを受けないでね
え…
ヒントはその音符のキャラクターよ
え？これですか？
どうしてですか？

わからない？
全然…
そのキャラクターのキーホルダーって誰からもらったんだっけ？
小学生の頃神社でフルートを吹く美少年からもらいました
そのキーホルダーを渡したの…
私なの
え…
何言ってるんですか？男の子にもらったんですよ～
鈍いわね！その男の子が私なのよ
ハァ…
さっ…早希先輩って男だったんですか!?
ずるっ

そんなわけないでしょ！子どものころは男の子っぽい恰好してたのよ！
ショートヘア
ええっ!?
そ…それじゃあ…私が憧れたのは
早希先輩だったってことですか!?
そうなるわね…
しかも…そのことを本人を前に話してたってこと…？
…
え…うそ…どうしよう…
信じられないっ…
ごめんなさいっ
恥ずかしいぃ～!!
早希先輩とどんな顔で会えばいいのよ～～っ！

あははははは!
なんだそれ超ウケる！そんなことあるのかよ！
世間は狭いな！
笑い事じゃないわよっ
1-3
で…結局大切なことは聞けたの？
大切なことって？
なんで優しくしてくれるのか？
あ…聞くの忘れてた……
何のためにテストがんばったんだよ
だって…
うそっ！
コンコン

さっ…さ
ささ…
早希先輩…
昨日は話の途中だったよね
今日は逃げないでよ
音楽室
早希先輩のこと……男の子だと勘違いしちゃうなんて…
ごめんなさい
私の方こそ言えなくてごめんね
どうして言ってくれなかったんですか？
だって…言えるわけないじゃない
あんなに目を輝かせて思い出語られちゃったら…
うっ…
あなたに親切にする理由を知りたいんでしょ？
…はい

あのとき助けてくれたお礼よ
そんな大したことしたわけじゃないんですけど…
そんなことないわよ私の大切なフルートを守ってくれたじゃない
とても嬉しかった
いつか恩返しがしたかった…今ならそのお礼ができる
だから手帳の使い方を教えたのよ
そうだったんですね…
ありがとうございます
お礼を言うのは私よありがとう

じゃ
フルートも勉強もがんばってね
ちょっと待ってください
？
早希先輩…もう1つ…
私のお願い聞いてもらえませんか？
え？
ガチャ
私はずっと早希先輩の奏でる音に憧れてフルートをがんばってきました
早希先輩のフルートを
聞かせてもらえませんか？

それはできない
え…
少しでいいんです少しで…お願いします
私の恩返しは終わったの
あなたにフルートを聞かせる必要はないでしょ…
…
そ…それはそうですけど…
けど…
！
どうしても私の演奏を聞きたいなら一緒の大学に来ることね
聖応大学の学生オケで待っているわ

パタン
い…一緒の大学…
聖応大学って…
都内でもトップクラスの大学だよな…
私には絶対無理だよ…
無理なんて言うなよ! やればできるって! お前だって行きたいんだろ聖応大学!!
そりゃ…行けるもんだったら行きたいよ
けど…
だったら挑戦だろ!
オレだって弱小チームでも目指せ国立! 狙ってるんだよ!

国立？
サッカー版甲子園みたいなモンだよ！
とにかく目標が高いからって諦めるなんてナンセンスだ！
最近手帳使うようになってお前すごく変わっただろ！
やればできるって!!
けど…
…
手帳貸せ
えっ？
ガッ
ガッ
ガッ
聖応大学合格！
早希先輩と
学生オケで演奏
ちょっ…やめっ…

これは
魔法の
手帳だろ？
…
はぁ
そりゃ私だって
聖応大学には
行きたいよ…
けど…
いくら魔法の
手帳があっても
勉強もフルートも
がんばれるかって…
そんな自信
ないし…
私なんか
聖応大学に
合格できるわけが
ないし…
早希先輩とは
違うもん

ハッ
早希先輩!!
ささっ
カチャ
え…
このまま
ここに隠れていたら
早希先輩の
フルートが聞ける
カシッ
けど…本当に
このまま聞いて
しまっていいのかな…
夢にまで見た
演奏…
だけど…
私が望んでいたのは
こんな形じゃないし…

今日の私に
早希先輩の演奏を
聞く資格はない！
三上
あの男の子と一緒に
演奏できるくらい
フルートがうまく
なってみせる。
…
パラッ
聖応大学合格！
早希先輩と
学生オケで演奏
汚い字…
くすっ
パラ
私…
知らない間に
パラ
こんなに成長
していたんだ…

そうよね…
私がフルートを始めたのはあの日の早希先輩と一緒に演奏したいと思ったから
それがきっかけで今の私がある…
こんなにも自分が変われたんだから
今回だってきっと変わる!!
むんずっ
よーしっ待ってろ聖応大学!!
待ってろ音楽コンクール!!
待ってろ早希先輩!!
何やってるの?
熱でもあるんじゃない?
そう

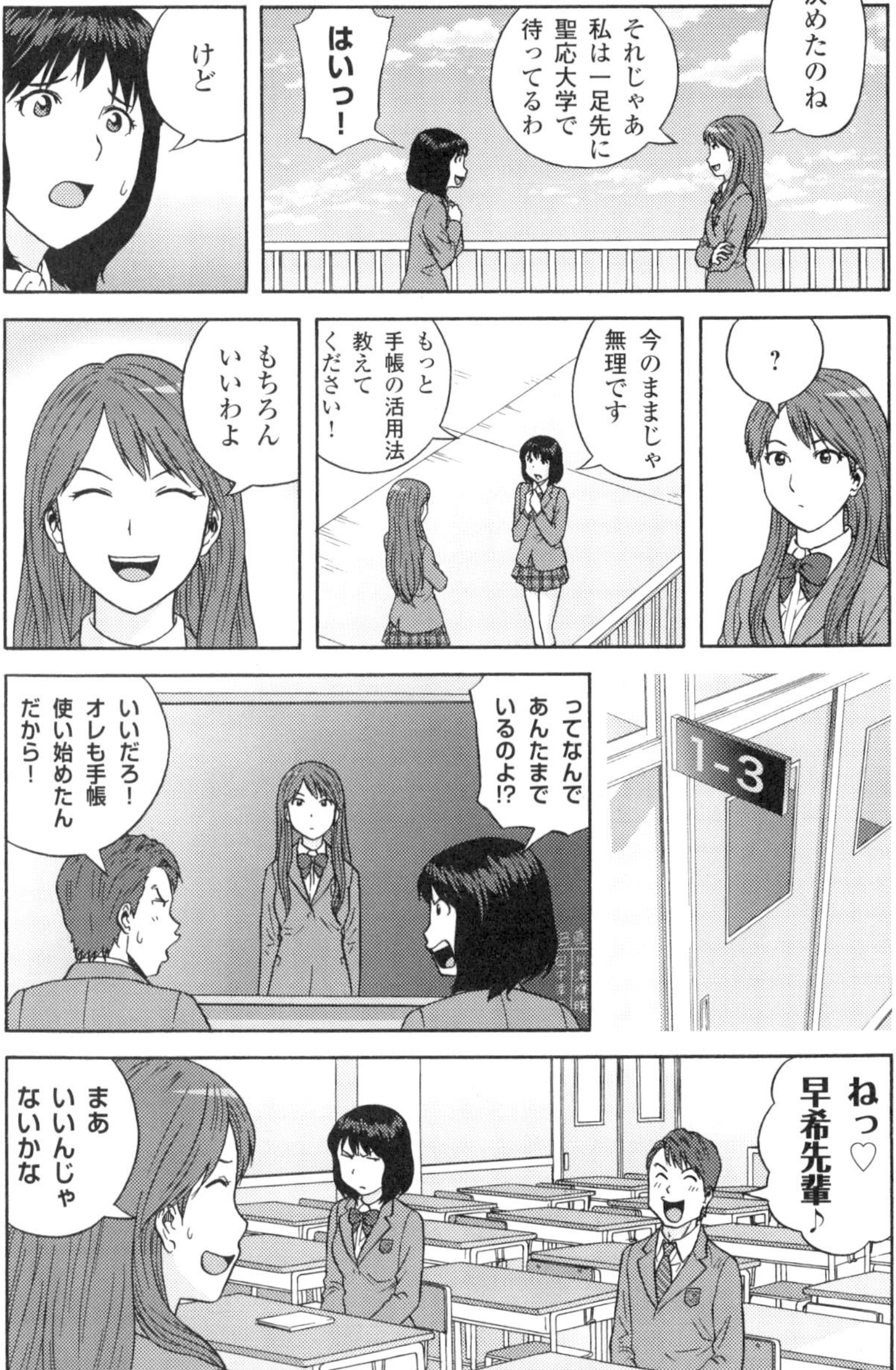
決めたのね
それじゃあ私は一足先に聖応大学で待ってるわ
はいっ!
けど
?
今のままじゃ無理です
もっと手帳の活用法教えてください!
もちろんいいわよ
1-3
ってなんであんたまでいるのよ!?
いいだろ!オレも手帳使い始めたんだから!
ねっ♡早希先輩♪
まあいいんじゃないかな

ほら見ろ！さすが早希先輩って優しいですねぇ～っ
・・・
手帳を書いて感じるのが自分が立てた計画だと
なかなかその通りに実行できないことだと思うの
そうなんですっ！ついつい自分に甘えちゃいますよね
いちいちうるさいわね…
なので予定と現実の違いがパッと見てわかる方法で
自分のクセを知ってほしいの
クセ？
たとえばスケジュールを立てるときに好きなことばかりに時間を割いていたり
始めるのが遅かったり起きられなかったり
嫌いな教科を後回しにしたり…
うっ…耳が痛い
で…そのパッと見てわかる方法ってなんですか？
1日単位で計画とやったことを比べるように書くのよ
カッ

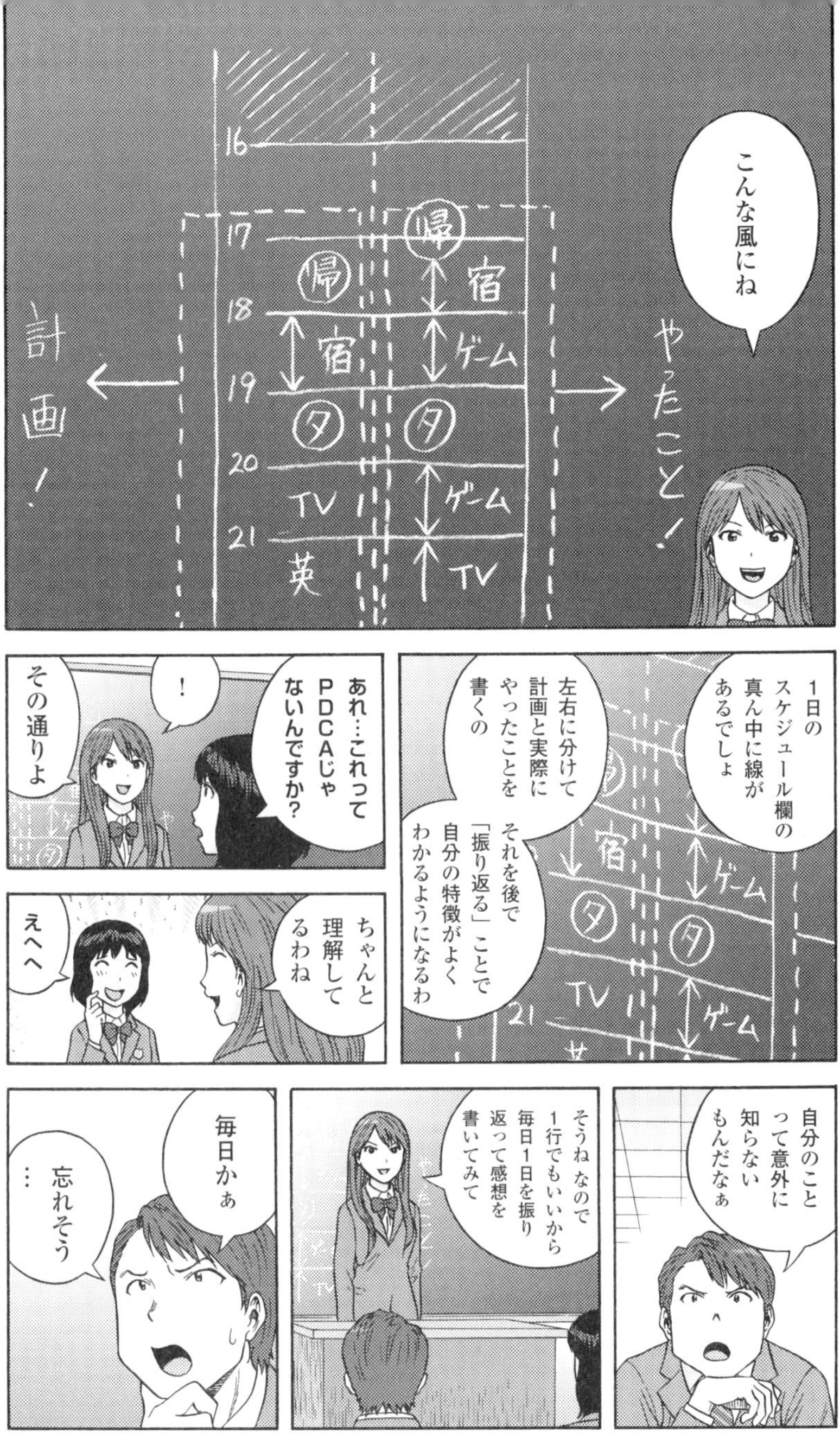

こんな風にね
計画！
やったこと！
16
17
18
19
20
21
帰
宿
夕
TV
英
ゲーム
1日のスケジュール欄の真ん中に線があるでしょ
左右に分けて計画と実際にやったことを書くの
それを後で「振り返る」ことで自分の特徴がよくわかるようになるわ
あれ…これってPDCAじゃないんですか？
！
その通りよ
ちゃんと理解してるわね
えへへ
自分のことって意外に知らないもんだなぁ
そうね なので1行でもいいから毎日1日を振り返って感想を書いてみて
毎日かぁ
…忘れそう

振り返る時間と場所を決めてみて
帰りのバスや電車の時間をうまく使うといいわ
なるほどそれなら！
そして1週間経ってからもう一度まとめて振り返るの
まとめてですか…
週の初めに立てた目標と比べて1週間まとめて振り返ることが重要なのよ
1日と違ってまた新たな発見があるの
たとえばこんな感じね
今週の目標は達成できたか
生活リズムは乱れていないか
学習時間は平均以上だったか
1日の振り返りだとわからないことばかりですね
そうして自分を知ったらそれを次の目標や計画に活かすように「工夫」するのよ
工夫？
たとえば水曜日と木曜日の計画の実行率が低いって振り返りでわかったらその日は好きな教科を勉強するとか
他の曜日よりも短くして早く寝たりする
ZZZ

そうか！ 自分のクセを知ることで自分にあったスケジュールにカスタマイズしていくのね！
その通りよ
翌週の目標もテストで前回は90点だったから今回は100点を目標にするとか
いつも朝練ギリギリになってしまうならいつもより起きる時間を少し早めるとかね
手帳を開くのが嫌になりそうだな～
それはそうね…
振り返りは反省点ばかりじゃなくていいのよ
よくできたこともどんどん書くの
よくできたことも書いていいんですか？
よくできたことを書くことで自分の強みも理解できるでしょ
たとえば「朝早く起きて勉強したら単語が頭にスッと入った」とか
「今週の練習は目標に対して○％達成できた」とかね
よっしゃ！ だったらバンバンいいこと書くぞ！
大地に書くようなことあるのかしら
そうだよね！ オレってやることなすこと失敗ばかり…
トホホ
ってこら！
ビシィッ

ふふふ
ふたりとも
仲がいいのね
誰がこんな
やつと!
ぷいっ
それと失敗は
どんどんした
方がいいわ
えっ?
失敗というのは
とても貴重な体験なの
失敗したからこそ
「どうすればよくなる
か」って振り返る
ことができる
一番ダメなのは
失敗を恐れて
何の挑戦も
しないこと
私も自分なんか
無理って失敗を
こわがって
いました
けど今は当たって
砕けろって
思っています!
砕けるんかいっ!
それくらいの
意気込みって
ことよっ!!
あー
そーかい
いい
心がけね
ふふっ

それじゃあ私行くわね
1-3
早希先輩!
ん?
待っててください!
私…絶対に部活の壁も勉強の壁も乗り越えて
聖応大学にたどり着いてみせます!
あなたは私と同じ魔法の手帳があるでしょ
だったらきっと大丈夫
はい!

東京都コンクー
大学でこの
悔しさを
晴らしてやる!!

今日
早希先輩の
合格発表だろ？
早希先輩から
連絡きたか？
まだ
…
ピコン
メッセージがあります
来た!?
早希
13:01
13:01
次はあなたよ。
はいっ!!

01 1週間をまとめて振り返ってみる

このパートでは、ＰＤＣＡサイクルの「Ｃ」と「Ａ」、つまり、振り返りと、次の計画につなげる工夫・改善について考えてみましょう。Ｐａｒｔ１（71ページ）でもお伝えしましたが、近年は、「Ｃ」「Ａ」の部分を大切にすることが重視されてきています。

⇩1日ごとの振り返りと何が違うのか？

まずは、日々の振り返りについて考えてみましょう。

手帳に何を書けばいいのかわからない、あまり書くことがないという人は、その日1日を振り返って感じたことや気づいたこと、考えたことなどを書いてみると、取り組みやすいでしょう。

1日のスケジュール欄の空いているところでかまいません。「ＮＯＬＴＹ《ノルティ》スコラライト」であれば、1日の予定の下に自由に記入するスペースがあります。まずはたくさん書こうとせず、たったひと言でも、1行でもいいから書いてみましょう。

その日にできたこと、やり残してしまって次の日以降にやらなければならないことなど

を自由に記入します。「NOLTY《ノルティ》スコラ」シリーズの手帳なら、勉強時間を書き込む欄がありますので、計算して記入してみましょう。計画していた時間と比べてみると、自分の時間の使い方を見直すきっかけになります。

では一方で、1週間を振り返る欄には何を書けばよいのでしょうか?

ここは、1日単位ではなく、1週間(7日)というカタマリで見るよい機会です。1日単位ではわからない、やるべきことが毎日継続してできているか、今週全体で掲げた目標や予定に対してうまくいったこと、いかなかったことを書いてみましょう。これは、日々の振り返りよりもややズームアウトして1週間の自分の動きを見直すイメージです。

1日は24時間、1440分です。では、1週間は何分でしょうか?

答えは、なんと1万80分です。1万分以上の時間を自分がどう使ったのかを振り返ります。

- 今週の目標は達成できたか?
- 今週やりたいこと、やるべきことはどれくらい実行できていたか
- 生活リズムは乱れていないか
- 学習時間は平均以上だったか

日々の振り返りと1週間の振り返りの記入例

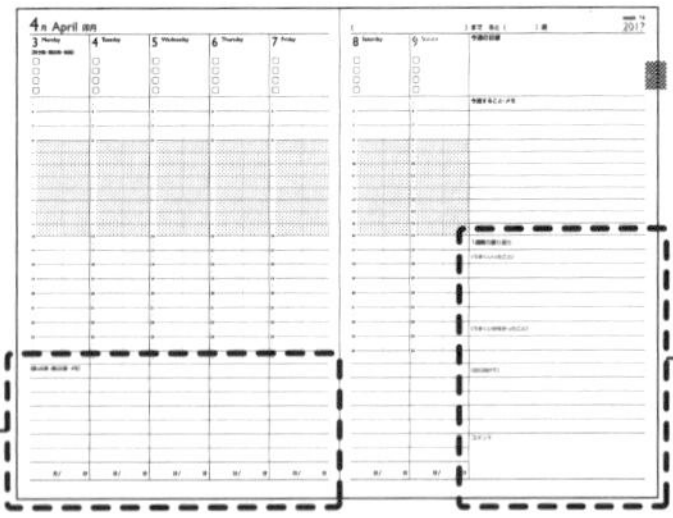

・1日の振り返りの例

24	24	24	24	24
[思った事・感じた事・メモ]	確認テストの結果	昨日予習したから	早希先輩にアド	今日は部活が休み
1年生の音が	が戻ってきた！	か英語の授業が	バイスをもらう。	だったので、自習室
合わないのは、	数学がなんと平均	楽しくなってきた。	帰りがけに面白い	に行ってみた。
技術の問題だけ	点プラス5点！	試験までにもっと	本をすすめてくれ	2年生の先輩が
ではないような…	喜んでたら大地に	単語力をアップ	たので、読んで	多かったけど、
橘田先生に相談	バカにされたよ〜	しよう！	みよう。	集中できた。
してみようかな。	(TT)			
60分/ 120分	120分/ 120分	100分/ 120分	60分/ 120分	150分/ 120分

・1週間の振り返りの例

1週間の振り返り

(うまくいったこと)

毎日少しでも勉強するリズムが身についてきた！
朝30分早く起きて勉強するのが楽しくなってきた！

(うまくいかなかったこと)

お昼後がちょっと眠くなる日があった。
夜、12時までにはベッドに入るようにしよう。

(次に向けて)

□ テストに向けて、来週は勉強の予定をたてる！
□ 早寝、早起き
□ テレビをダラダラ観るのは禁止！

コメント

教科ごとの勉強時間をグラフ化して記入してもいいわね！

「NOLTYスコラライト」週間ページ

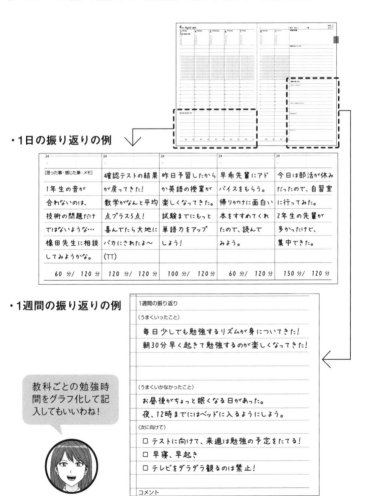

●やるべきことが継続してできていたか

手帳を見ながら、自分自身にこうした問いを投げかけて、気づいたことや感じたことを手帳に書きます。

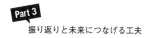

⇩反省ばかり書かない

自分を客観的に見て振り返り、改善点を見つけ、翌週以降の目標につなげていくことはもちろん大切です。

とはいえ、この手帳の振り返り欄がすべて反省で埋まってしまうと、次第にやる気も下がってしまうことも……。単純に自分にダメ出しを続けても、よい結果につながりません。ですから、反省やダメ出しだけでなく、1週間の中で、うれしかったことや、できたことなど、よかったことも見つけて書き自分を「ほめる」ことが、手帳活用だけでなく、学生生活を送る上でのみなさんの心の支えとなるはずです。

⇩1週間の日々の記録を振り返る

自分の立てた計画なのに、なかなかその通りに実行できない……。そんなときには、自分の行動のクセを知ることが大切です。まずは1週間、やったことを記入して、どこにムダがあるか、好きなことばかりに時間を割いていないかを見てみましょう。

もっと細かく見てみたい場合におすすめなのが、1日単位で、計画や予定と、実際にやったことを手帳で比べる方法です。

ストーリーで早希先輩も説明していますが、もう一度そのやり方を見てみましょう。

まず、1日のスケジュール欄の真ん中に線を引き、左右に欄を2つに分けます。「NOLTY《ノルテイ》スコラ」シリーズの手帳であれば、あらかじめグレーの点線で分けられていますから、そのまま使ってください。

向かって左側に計画や予定を、実行したことを後から右側に書き込んでいきます。こうすると、左右で、計画や予定と実際の行動の違いが明確になります。

まず、計画通りに実行できたときの理由について考えてみましょう。「時間に余裕があったから」「やりたいことだったから」「集中していたから、勉強がはかどった」などと、いろいろと理由を考えてみます。

同様に、計画通りに実行できなかったときの理由についても考えてみましょう。

予定と現実の違いがぱっと見てわかる方法

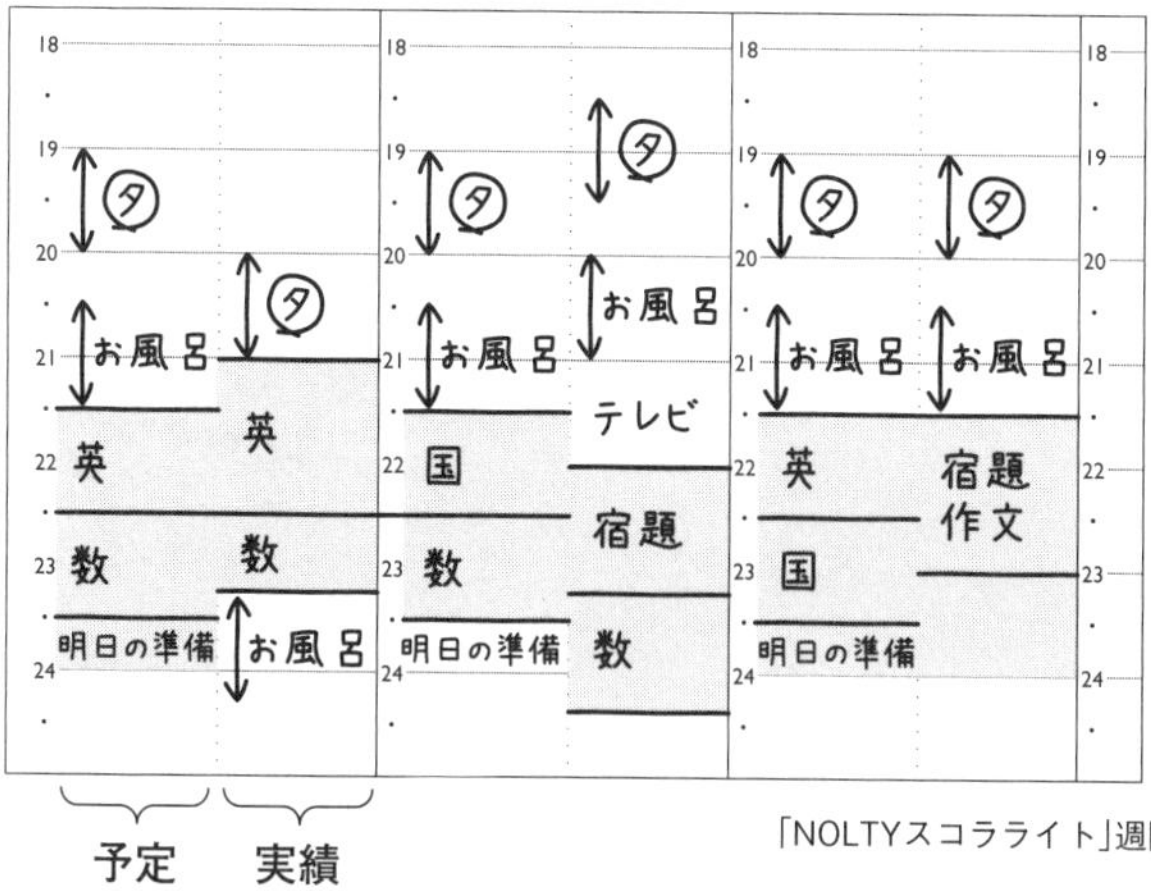

「NOLTYスコラライト」週間ページ

実際に予定と実績を比べてみると、なかなか計画通りに進んでないみたい……

計画通りにできてもできなくても、それぞれ理由を考えてみるといいわね！

毎日の振り返りの欄に理由を考えて書いてみます！

02 振り返りを活かして来週の目標を立てる

⇩週末の夜に「C」と「A」

週末に1週間の振り返りを行ったら、その振り返りを活かして、翌週の目標を立ててみましょう。

たとえば、今週の小テストで90点とれたら、来週は「100点満点」を目標に掲げます。もしも点数が思わしくない場合は、その点数を上回る、自分で「最低限この点数はとりたい」と考える点数を目標として書きます。

勉強以外のことでもかまいません。今週は就寝時間が遅めになっていたとわかれば、「11時には寝る」でもいいですし、起きる時間がぎりぎりになってしまって、遅刻寸前になったり、朝練に遅れるようなことがあったら、「朝練が始まる10分前に学校に着く」でも、それに間に合うように「6時に起きる」でもよいでしょう。

もちろん、「授業に集中する」「部活をがんばる！」「毎日気持ちよく過ごす！」などもよい内容ですが、例に挙げたように具体的に目標を数字を入れると、達成したかどうか、どのくらいできたか、逆にできなかったのかが数値で具体的にわかります。
達成できなかった目標に、翌週に再び挑戦するのも面白いかもしれません。その場合は、「どうすれば同じ失敗をせずに目標を達成できるか」を考えてみてください。

⇩失敗を次につなげる工夫

「振り返り」と聞くと、どうしても、よかったことよりも悪かったことに目が行きがちになるものです。ですから、とくに、「ああすればよかった」「こうすればよかった」と後悔しがちな人、できなかったことのほうに目が向く傾向がある人は、意識的によかったことを書くようにしましょう。

もちろん、悪かったことを単純に見なかったことにする、という意味ではありません。悪かったことは、何が悪かったかだけを書くのではなく、「どうすればよくなったか」を考えて書くようにします。

悪かったことや失敗は、そのときは嫌な気持ちになるものですが、それ自体はとても貴重な体験で、これからの自分を育てる肥料にもなります。ですから、まったくしないよりは、失敗をしたほうがよいのです。だから、失敗した自分を責める必要はまったくありません。

むしろ一番よくないのは、失敗を恐れて、何の挑戦もしないことです。

ただ、その失敗も、放っておけば、ただの〝イタい〟経験で終わってしまいます。重要なのは、失敗した後どうするかです。失敗をただ悔しがるだけで忘れてしまっては、また同じ失敗を繰り返すことになりかねないからです。

COLUMN

・より上手に目標達成するための「SMARTの法則」

156ページで目標の立て方について、具体的な数字を入れる方法を紹介しました。じつは、これはビジネスの場面ではよく知られた手法で、そのほか4つのポイントとあわせて「SMART《スマート》の法則」と呼ばれます。目標を決めるときの参考にしてみてください。

S（Specific）＝具体的なわかりやすい→すぐに行動がイメージできる？
M（Measurable）＝計測可能な→数字になっている？
A（Achievable）＝達成可能な→やろうと思ったらできること？
R（Relevant）＝意味のある目標か？→やる意味はある？
T（Time-bound）＝期限が明確→いつまでにやるかはっきりしている？

たとえば、「英語をがんばる！」だと、具体的に何をどうがんばるのかがわかりづらいですね。これをSMARTの法則にあてはめて考えてみるとどうなるでしょうか？

S→英単語を覚える
M→100個
A→（100個くらいなら通学中の時間を使えるからできそう）
R→（今度のテスト範囲を先取りしてテストに役立てよう！）
T→今週1週間で

といった具合です。もちろん最初から無理してこれにあてはめて考える必要はありません。目標達成したかどうかがあいまいだったり達成できないことが多い、そんな場合は、目標設定のやり方についてこの法則を参考に一度見直してみるのもよいでしょう。

振り返りを次につなげる工夫

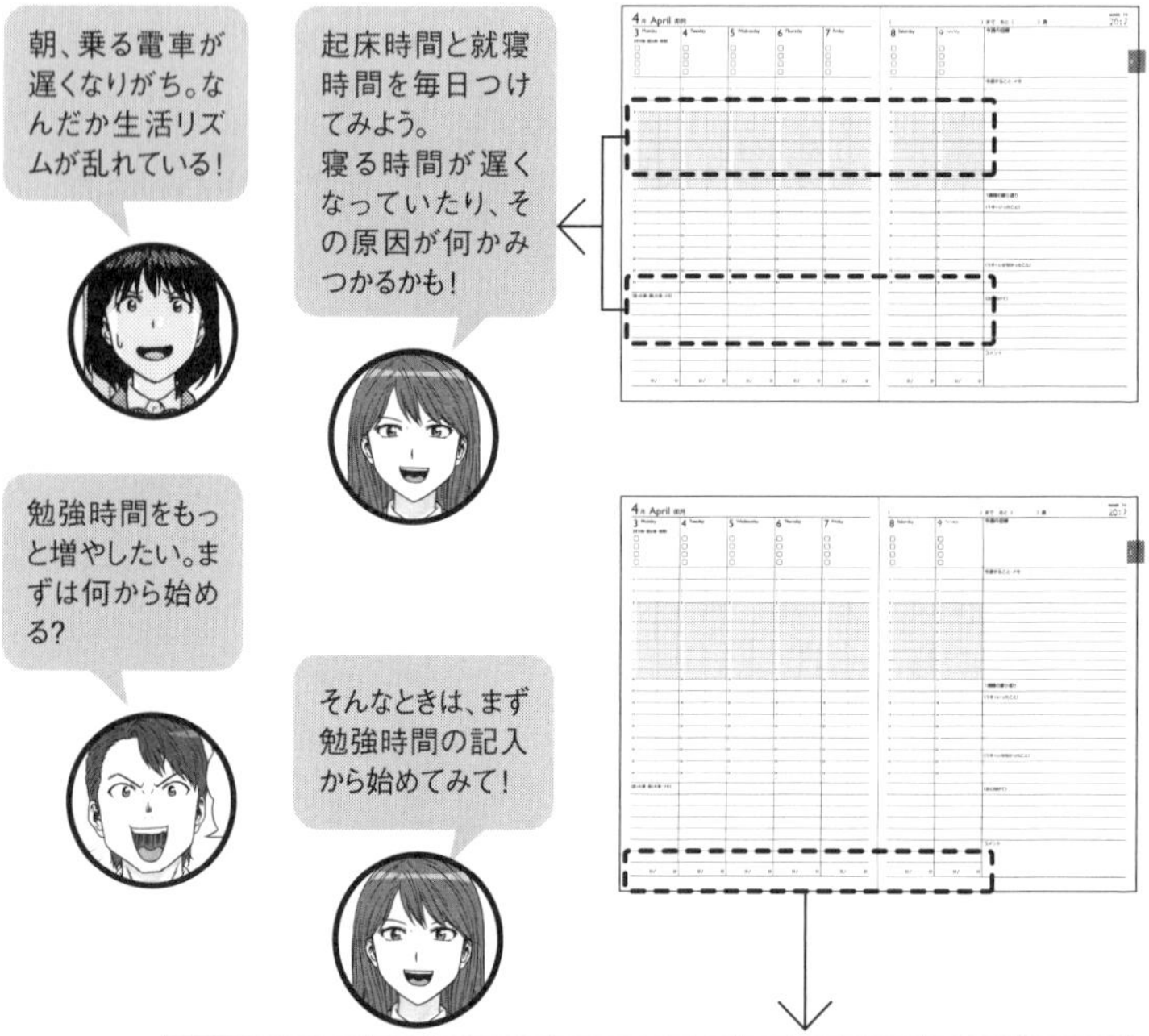
朝、乗る電車が遅くなりがち。なんだか生活リズムが乱れている!
起床時間と就寝時間を毎日つけてみよう。寝る時間が遅くなっていたり、その原因が何かみつかるかも!
勉強時間をもっと増やしたい。まずは何から始める?
そんなときは、まず勉強時間の記入から始めてみて!

24	24	24	24	24
[思った事・感じた事・メモ]	確認テストの結果	昨日予習したから	早希先輩にアド	今日は部活が休み
1年生の音が	が戻ってきた!	か英語の授業が	バイスをもらう。	だったので、自習室
合わないのは、	数学がなんと平均	楽しくなってきた。	帰りがけに面白い	に行ってみた。
技術の問題だけ	点プラス5点!	試験までにもっと	本をすすめてくれ	2年生の先輩が
ではないような…	喜んでたら大地に	単語力をアップ	たので、読んで	多かったけど、
橋田先生に相談	バカにされたよ〜	しよう!	みよう。	集中できた。
してみようかな。	(TT)			
60分/ 120分	120分/ 120分	100分/ 120分	60分/ 120分	150分/ 120分

「NOLTYスコラライト」週間ページ

振り返りを活かした目標の記入例

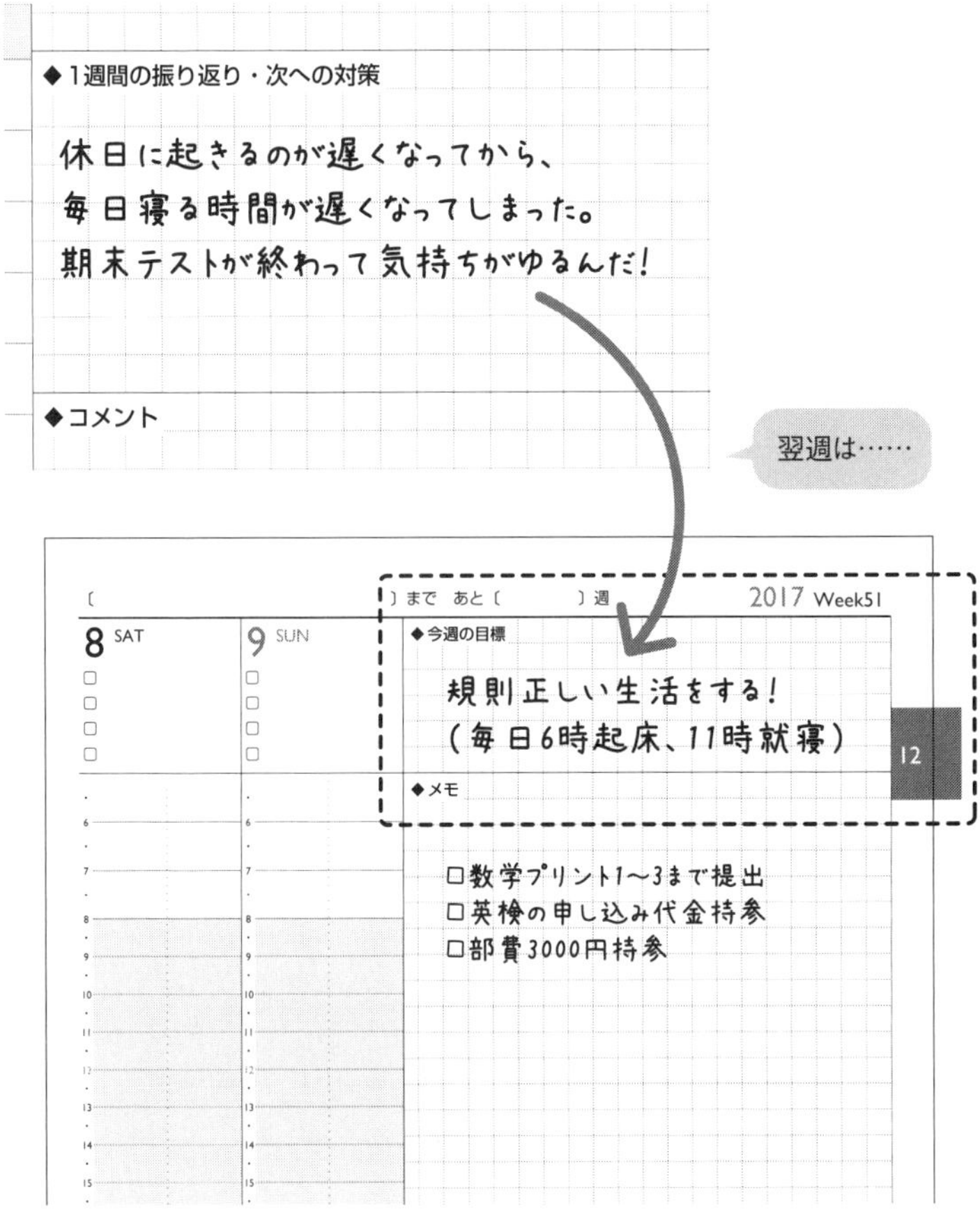

「NOLTYスコラ」週間ページ

03 移動時間を利用して振り返りと工夫を考える

毎日のルーティンに組み込む

電車やバスで通学している人は、その乗車時間に手帳を開いて振り返りを行うことができます。

北宋※の文学者が、文章を練るのに適した場所として「馬上・枕上《ちんじょう》・厠上《しじょう》」の「三上」だと言葉を残していますが、この「馬上」が、現代でいうところの通学電車やバスの中というわけです。適度な振動、ゆるやかに変わっていく周囲の風景などが考え事に適しているのは、今も昔も変わらないのでしょう。

もちろん、人それぞれですので、自分がゆっくりと手帳を開いて考え事のできるタイミングを毎日の生活の中から見つけてください。

勉強でも同じようなことがいえます。たとえば、英単語の暗記ひとつをとっても、声に出してつぶやいたほうが覚えられる人、ひたすら繰り返し単語を書き取りすると記憶に残りやすい人、さまざまです。自分に合った方法を見つけて、手帳の予定に組み込んでみましょう。

※中国の王朝の1つ（960年～1127年）。

振り返りの時間や勉強時間のタイミングを見つける

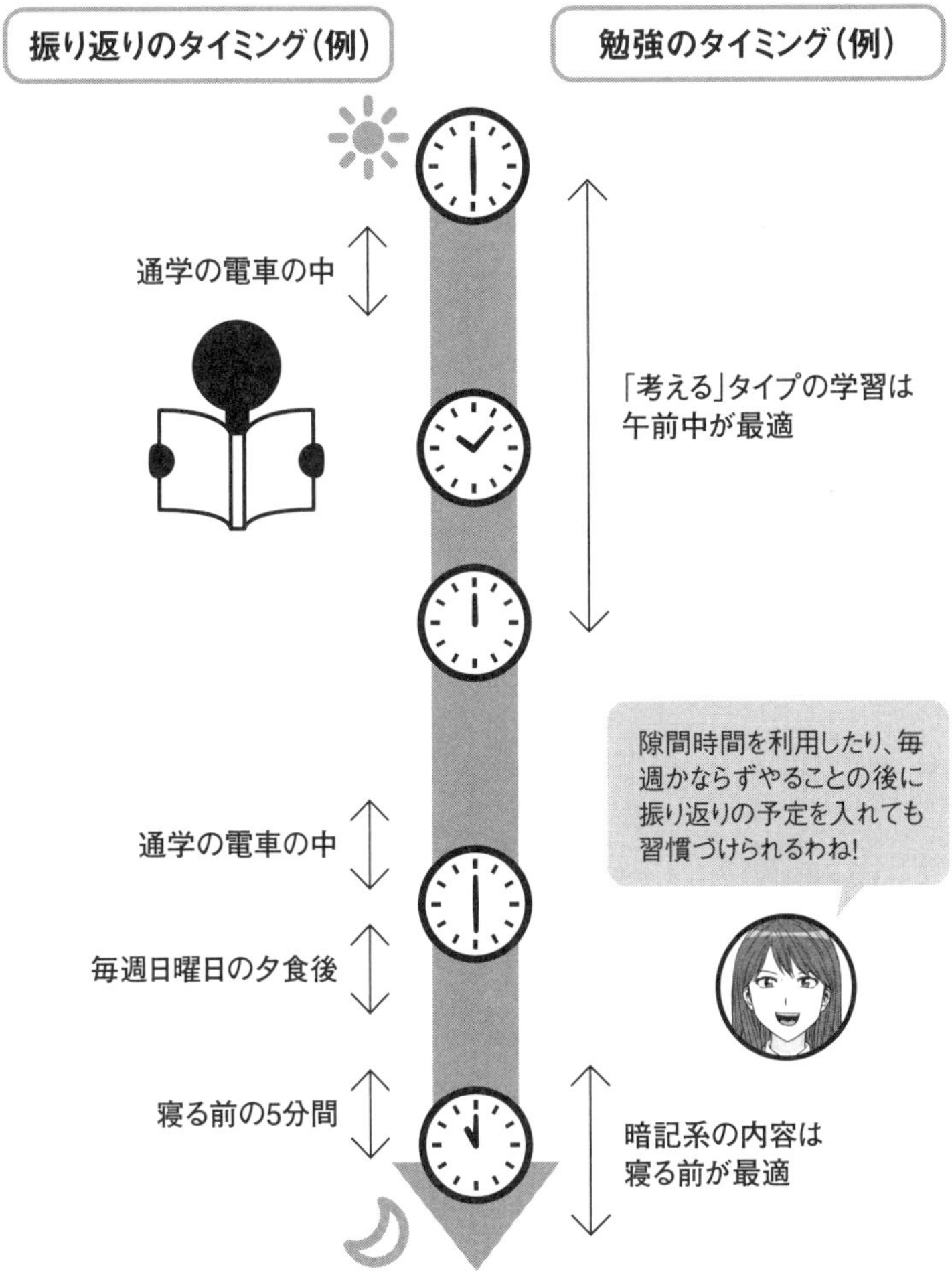

04 手帳を使ってやる気をアップさせる！

手で書くとどんないいことがあるのか？

さて、ここまでは、手帳の使い方をPDCAサイクルに沿って説明してきました。でも、スケジュールを管理するだけなら、ひょっとしたら、スマートフォンのスケジュール機能や予定管理のためのアプリを使えば十分かもしれません。ですが、やはりPDCAをしっかり回し続けるためには、あえて手書きにすることをおすすめします。

あたりまえですが、手帳は手でペンなどを使って書き込みます。この「手で書く」ことによって、内容が深く頭に刻み込まれるのです。すると、当然その記憶もよみがえりやすくなります。

たとえば、大きく、太く、力強く書かれた文字や、逆に、自身なさげにぽつりぽつり書かれている文字、吹き出しに入ったメッセージ、自分への叱咤激励《しったげきれい》の言葉などは、それを見るだけで何かを思い出させてくれるのではないでしょうか？

「ああ、あのときは絶対にもう失敗しないと強く思ったな」

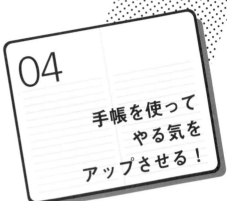

「このときは、すごく落ち込んだ」

「先輩からもらったアドバイスがストンと腹に落ちた」

こうした、その時々の感情をありありとよみがえらせてくれる情報は、手帳以外に残すことはできません。手帳に書いたからこそ、未来の自分に届けることができるのです。そして、当時の感情を思い出すことで、やる気が出たり、もうひと踏ん張りができたりします。

⇩忙しいときほど手帳を見よう！

中学生・高校生は3年生ともなると、受験もありますし、最高学年として、委員会や体育祭、文化祭といった行事でも責任ある役割を担わなければならなくなり、忙しくなります。

「忙しくて手帳を開くヒマがない」という声も聞きますが、忙しいときほど、手帳を開く機会を増やすようにしましょう。

手帳を開く機会が増えればそれだけ予定などを確認する回数が増えます。何度も見ることで自然と内容が頭に入ってきますから、次への行動が早くなりますし、やり残しや忘れ物がなくなります。手帳を見る習慣を意識してつけるために、見たタイミングでスケジュール欄のその時間に○印をつけていくのもよい方法です。

忙しくなると、どうしても気持ちばかりが焦ってしまって、実行がともなわなくなることもあります。そんなときは、優先順位づけの方法を思い出して、手帳に一番優先したい項目だけ色の○印をつけていきます。

こうすると、「あれもやらなくちゃ、これもやらなくちゃ」と、手あたり次第で、しかも強迫観念に満ちた気持ちから、「これとこれだけを今日中に終わらせればいい」と前向きで現実的な気持ちに切り替えることができます。

こんなにも
自分が変われたんだから
今回だってきっと変わる!!

やる気をアップさせる工夫

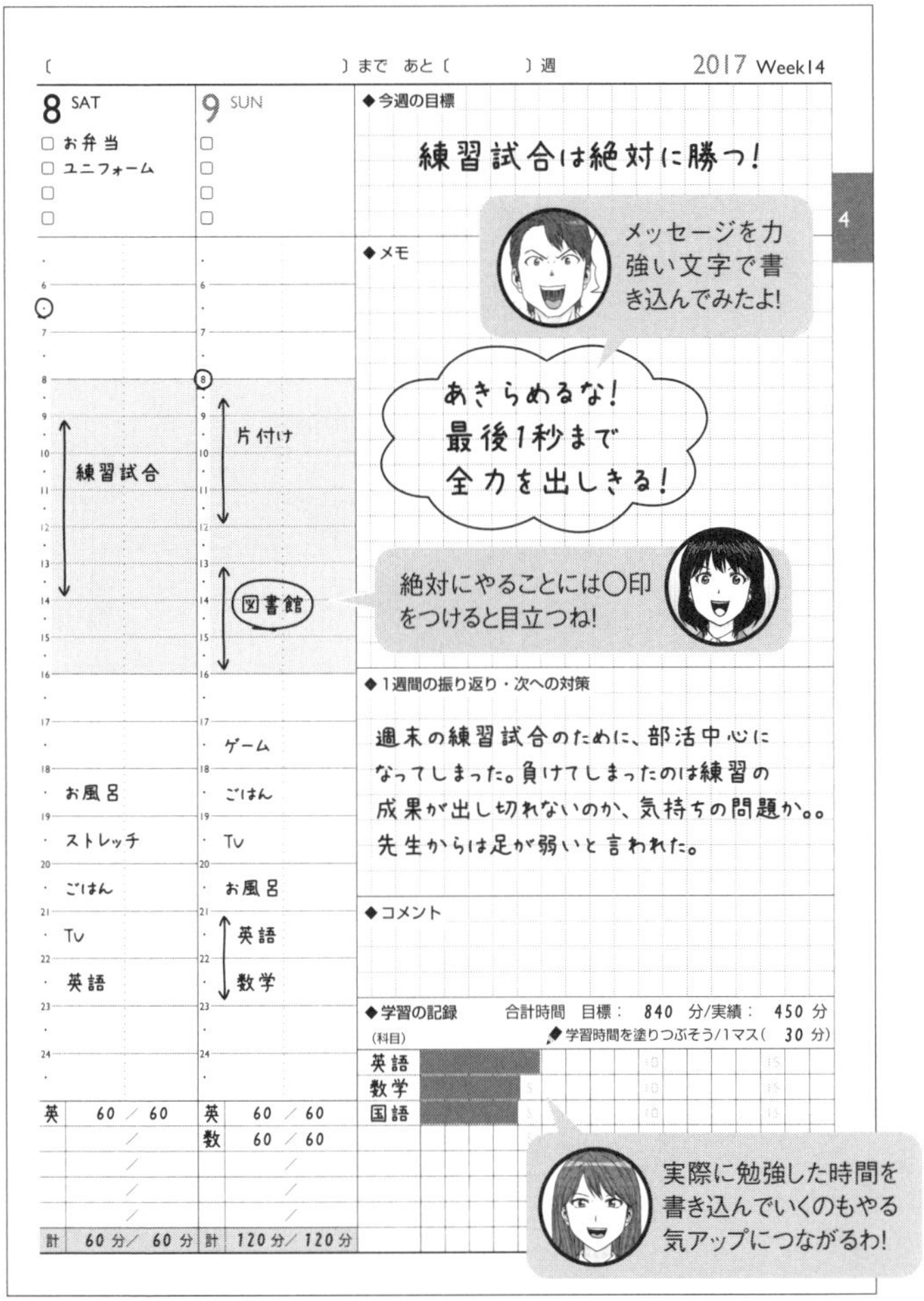

「NOLTYスコラ」週間ページ

05 長い目で振り返りをして次に向かう準備をする

⇩長期的な振り返りをする

1日を振り返る、1週間を振り返るのと同様に、1カ月や1年間といった長期スパンで手帳を見返して、この1カ月、この1年を振り返ることもできます。

とくに、今月の目標や今年の目標を考えるときには、直前の1カ月や1年を振り返るだけでなく、3カ月分、3年分くらいの振り返りをするといいでしょう。

長期間の振り返りを行うと、同じくらい先まで未来を意識できるようになります。1カ月の振り返りを行うと、この先1カ月が意識しやすくなりますし、3カ月の振り返りを行うと、これから3カ月という期間がどのくらいで、どれくらいのことができるのかが自然と頭に浮かびます。

また、気持ちを新たにするという効果もあります。短期間の結果や予定だけを見ているとどうしても視野が狭くなります。何かに行き詰まったときなどは、少し長めの振り返りを行うと、将来の希望が見えてくることがあるのです。困ったときにぜひためしてみてく

長期的な振り返りのイメージ

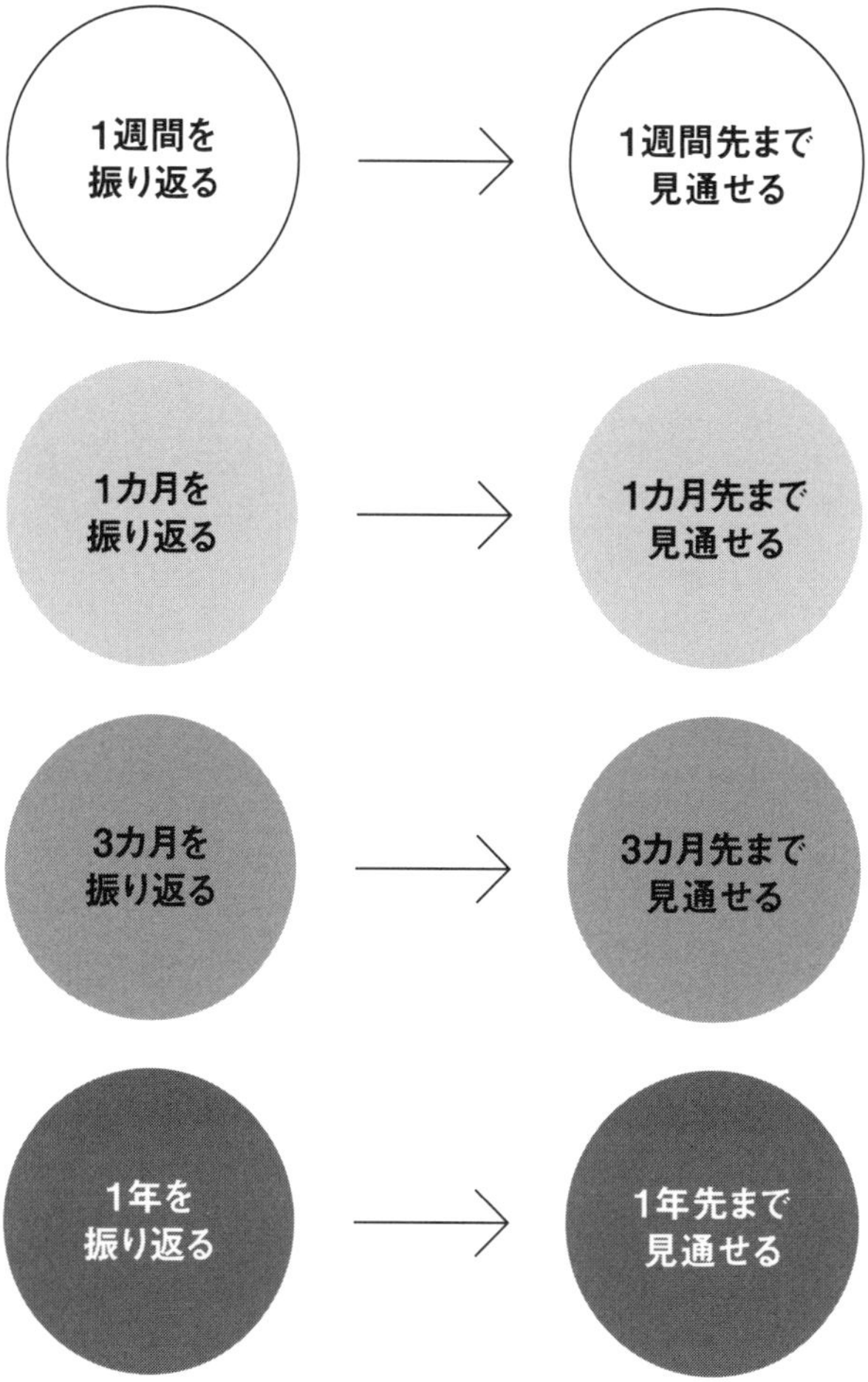

ださい。

⇩手帳を捨てずにとっておく

長期間の振り返りをするということは、できるだけ、あとで読み返してもわかるように書いておくことが必要です。そして、1年間使い終わった手帳も捨てずに保管しておくことが重要です。密度の濃い、貴重な中学・高校時代の体験が詰まった手帳は何にも増して大切なもの。いわば「体験の貯金箱」のようなものです。それを活かす機会は、この先まだまだあるはずです。

たとえば、これはごく一例ですが、この先、高校や大学の推薦入試や就職活動、選抜が必要な特別な学校外のプログラムやゼミに応募する機会があるかもしれません。そのとき、「学校生活で力を入れたこと」や「自分の強みを具体的な体験をもとにアピールしてください」などと聞かれたら、あなたはすぐに答えられるでしょうか？

そんなときに傍らに手帳があったら何の心配もありませんね。

また、大きな試験をイメージしてみてください。どうしても、試験会場では周囲が自分よりもできる人に見えて緊張してしまいますね。そんなとき、3年間の手帳を会場に持参していたら、それまでの自分のがんばりを振り返り、落ち着いて試験に臨めることでしょう。

なぜなら、あなたが日々振り返ってつかんだ自分の弱みも強みも、何に力を注いできたのかも、すべて知っているパートナーが近くにいることになるのですから。

2年後——
Epilogue
手帳とともに未来へ!
早希先輩!
お久しぶりです!

三上さん！聞いたわよ 音楽コンクール金賞だったんだってね！
ありがとうございます！
今日合格発表だったんでしょ？
どうだった？
すごい
よく使いこなしてるわね
！
22THU
23FRI
☆合格発表
合格!!
おめでとう！
一緒にフルート
演奏してもらえますか？
もちろんよ！

もっと早く
こうして
いたかった
でも今が
一番幸せ
おー―――いっ！
オレも聖応大学
合格したぞーっ!!

ええっ!?
大地　今まで受験したなんてひと言も…
へへっ秘密にしてたんだよっ!
ハァハァ
うっそお〜〜〜んっ
おめでとう!
お前…ホントだってばっ!!
早希先輩っ大学のこといろいろ教えてください!
いいわよじゃあ場所を変えましょう
オレも!
大学のこと教えてくださいっ!
大地はついてこなくていいの!
オレも受かったんだからいーじゃんか!
ダメ!
オレにも大学の話を〜〜〜っ!!
ドーナッツおごるからさ〜〜っ!!

【監修者】

株式会社　NOLTYプランナーズ

手帳の法人市場において、お客様ニーズにお応えし最高の商品とサービスを提供することを使命とした、日本能率協会マネジメントセンター（JMAM）のグループ企業。2010年に発足。企業・団体向けの手帳・カレンダーや、学校向けの「ＮＯＬＴＹスコラプログラム」などの開発・製作、販売を行っている。

【編者】

株式会社　日本能率協会マネジメントセンター（JMAM）

日本能率協会（ＪＭＡ）グループの中核企業として、1991年に設立。通信教育・研修・アセスメント・ｅラーニングを柱とした人材育成支援事業、「ＮＯＬＴＹ」を代表とするビジネスツール事業、ビジネス書、資格教材を中心に手がける出版事業を通して、企業の「人づくり」を支援している。「ＮＯＬＴＹ」は、1949年に日本で最初に時間目盛りを採用した手帳として誕生以来、「能率手帳」の名で親しまれ、60年以上の歴史を誇るベストセラーとなった。近年では、ビジネスだけでなく、人生を豊かにするためのツールとして、幅広い年代から支持されている。

編集協力／MICHE Company.LLC
シナリオ制作／葛城かえで
作画・カバーイラスト／姫野よしかず

マンガでやさしくわかる
中学生・高校生のための手帳の使い方

2017年3月10日　　初版第1刷発行
2025年4月25日　　　第10刷発行

編　者 —— 日本能率協会マネジメントセンター

発行者 —— 張 士洛
発行所 —— 日本能率協会マネジメントセンター
〒103-6009 東京都中央区日本橋2-7-1 東京日本橋タワー
TEL 03（6362）4339（編集）／03（6362）4558（販売）
FAX 03（3272）8127（編集・販売）
https://www.jmam.co.jp/

装丁／本文デザインDTP——ホリウチミホ（ニクスインク）
印刷・製本——三松堂株式会社

ISBN 978-4-8207-1961-8 C0037
落丁・乱丁はおとりかえします。
PRINTED IN JAPAN

NOLTY スコラ 部活プログラムとは?

NOLTY スコラ 部活プログラムとは、スポーツ心理学博士・布施努氏のメソッドを用い、部活動を通じた生徒一人ひとりの成長やチームビルディングをサポートするプログラムです。

公式 Instagram のご案内

Instagram | NOLTYスコラ手帳公式アカウント

楽しく手帳を続けるためのポイントや、おすすめ文具の紹介をInstagramで定期的に発信しています。

フォロワー数 16万人突破! (2022年3月現在)

\ Follow Me! /
@nolty_schola_official

☑ NOLTY スコラ 探究プログラムとは?

NOLTYスコラ 探究プログラムとは、3年間を通して生徒の主体性を育み、探究活動をサポートするNOLTYスコラ独自のプログラム教材です。

☑ 手帳甲子園ってどんなイベント?

「NOLTYスコラ プログラム」を導入している学校での優れた取り組みや手帳活用、表紙デザインなどを広く紹介、表彰しています。過去の手帳甲子園優秀賞に輝いた事例を見ることができます。

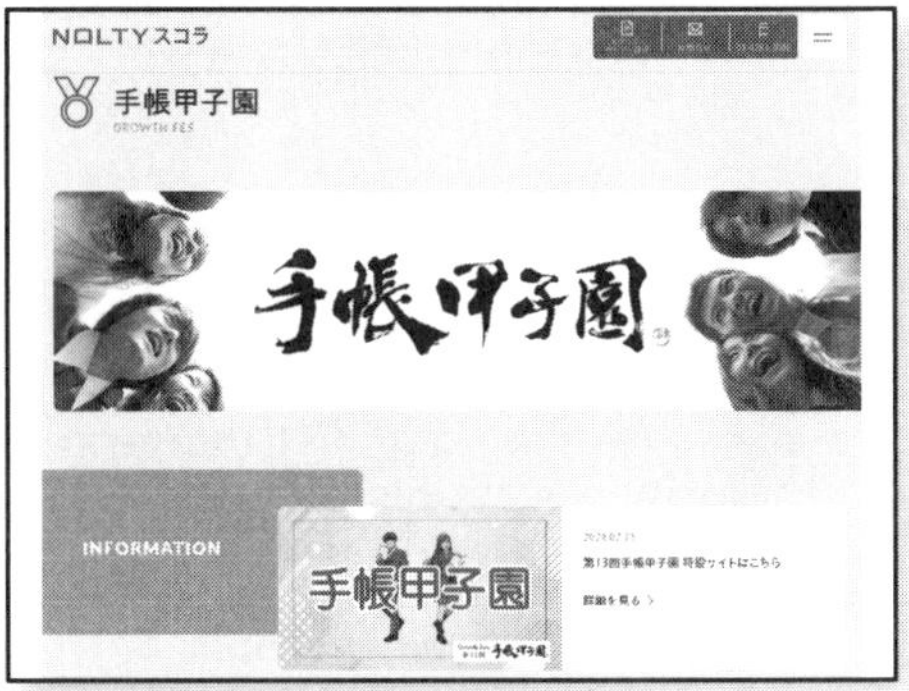

自学自習に重きを置いた『NOLTYスコラ ベーシック』、書く力を伸ばす『NOLTYスコラ ライト』、生活習慣を整える『NOLTYスコラ ビスタ』。それぞれの特長を紹介しています。

NOLTYスコラ ベーシック

自学自習する力を伸ばし、家庭学習の質や量の向上を促します

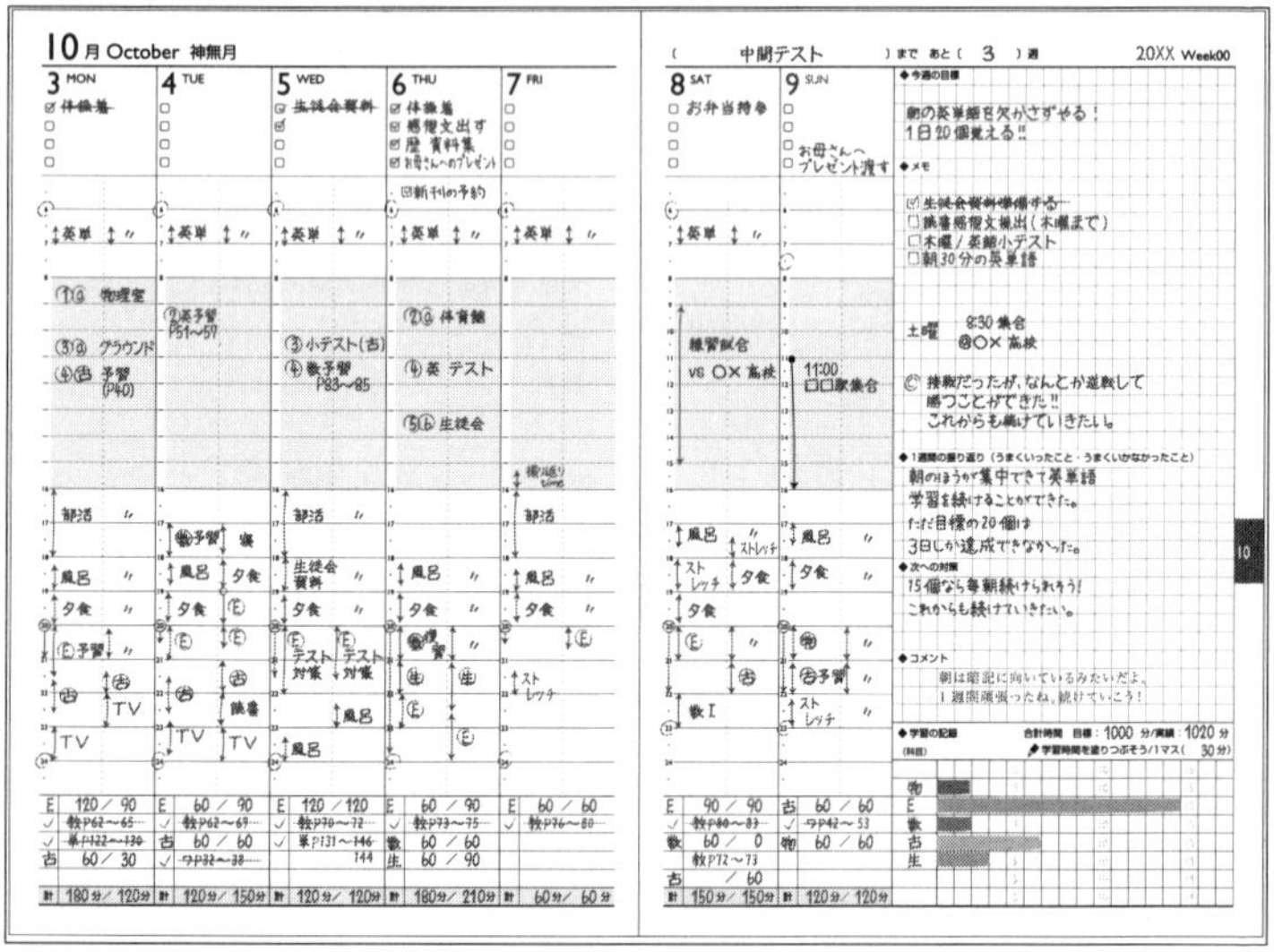

※色覚の個人差を問わず、できるだけ多くの人に見やすいよう作られています。

特長

- 1週間の学習記録をマーカーで可視化
- 予実線で1日の予定と実際の行動を管理
- 1年間でPDCAサイクルを取得する「使い方ガイドページ」つき

☑「スコラ手帳」ってどんな手帳?

NOLTYスコラ ライト

書く力を伸ばし、自己理解を深めるサポートをします

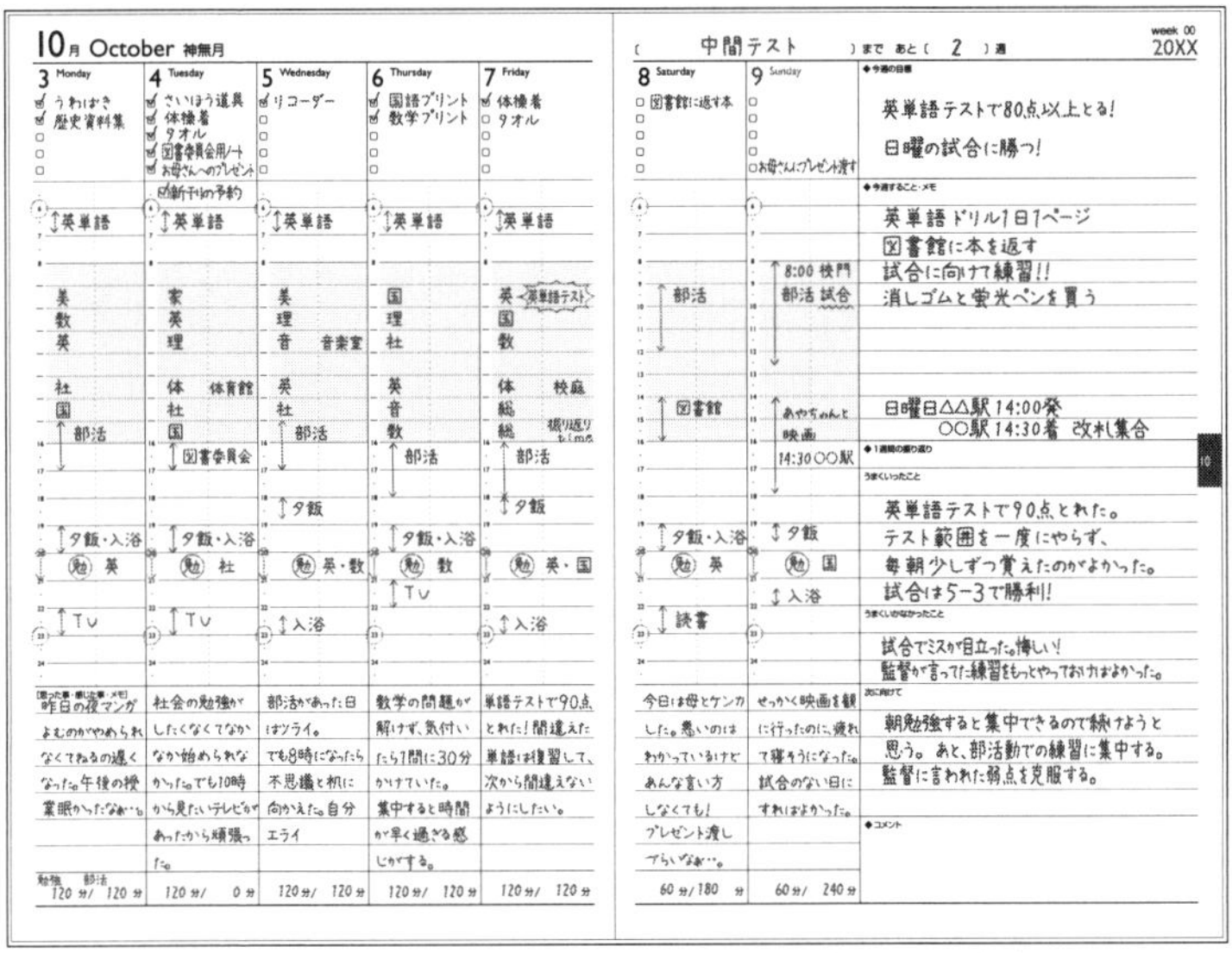

※色覚の個人差を問わず、できるだけ多くの人に見やすいよう作られています。

特長

- 感じたこと、気づいたことを毎日記入できるメモ欄つき
- 「書く」積み重ねに役立つ、記入欄が豊富な大判サイズ
- 1年間でPDCAサイクルを取得する「使い方ガイドページ」つき

NOLTYスコラ ビスタ

生活習慣を整え、先を見通す力の育成をサポートします

※色覚の個人差を問わず、できるだけ多くの人に見やすいよう作られています。

特長

- 毎日の睡眠時間が記録可能
- 1ヶ月を見渡すことで逆算しながら計画･行動できるマンスリータイプ
- 1年間で基本動作を習慣化する「使い方ガイドページ」つき